KB261433

세상, 참 묘하여라

세상, 참 묘하여라
2007년 5월 초판 | 2007년 9월 재쇄
옮긴이 · 이숙자 | 펴낸이 · 이형우
ⓒ 분도출판사

등록 · 1962년 5월 7일 라15호
718-806 경북 칠곡군 왜관읍 왜관리 134의 1
왜관 본사 · 전화 054-970-2400 · 팩스 054-971-0179
서울 지사 · 전화 02-2266-3605 · 팩스 02-2271-3605
www.bundobook.co.kr
ISBN 978-89-419-0710-7 03230
값 9,000원

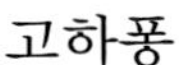

세상, 참 묘하여라

성경 소품 40편 · III

이숙자 옮김

분도출판사

이 책을 저의 아우 남매에게 드립니다.

어려서 같이 놀며 즐겁게 지내던 나날을 기념하며 ….
달과 별을 바라보고 꽃에 물을 주면서
세상의 묘함을 함께 찾아내던 시절을 떠올리며 ….

들어가며

하느님은 묘하시고 사람도 묘합니다. 그리고 하느님과 사람이 서로 만나는 곳, 세상 또한 묘한 곳입니다. 성경은 창세기를 시작으로, 우주 만물에 대한 하느님의 깊은 애정을 우리에게 전해 줍니다. 그분은 손수 지어내신 작품들을 대할 때마다 만족과 애정을 아낌없이 드러내시며 찬탄을 금치 않으시지요.

하느님께서 보시니 손수 만드신 모든 것이 참 좋았다

(창세 1,31).

이천 년 전 예수님께서 세상에 오신 이래, 하느님과 우리는 끊을 수 없는 깊은 인연을 맺게 되었습니다. 지구는 그분이 머무시는 곳, 이 세상은 그분의 가정이 되었지요. 영국 시인 블레이크W. Blake의 시 한 구절입니다.

모래알 하나에서 세계를 보고
꽃 한 송이에서 천국을 본다.

세상 만물 가운데 작은 것으로는 모래, 돌, 풀, 나무가 있고, 큰 것으로는 하늘의 태양, 달, 별 들이 있습니다. 이 모두가 성경 저자의 오묘한 생각과 깨달음을 이끌어 내기에 충분한 것들이지요.

『하느님, 참 묘하셔라』『사람, 참 묘하여라』 두 권에 80편의 성경 소품을 발표한 후, 독자 여러분의 과분한 격려와 지지를 받았습니다. 그 후로도 계속 성경 말씀 안에서 '오묘함'을 찾는 가운데, 다시 40편의 성경 소품을 모아 이렇게 『세상, 참 묘하여라』가 나오게 되었습니다.

다시 한번 많은 분들과 더불어 기뻐하고 싶습니다. 책을 내도록 도와주신 홍콩천주교회교우총회에도 깊이 감사드립니다.

2004년 4월 11일 예수 부활 대축일에
로마에서, 고하퐁高夏芳 마리아

致韓國讀者朋友

天主真好！我怎也想不到這些翻譯詢價的聖經小品能跨越彊疆，與韓國的兄弟姊妹會晤。

從初讀韓國的傳教歷史，就驚訝聖經及教會書籍在其中扮演的特別角色，從聖言所孕育，時至現在，韓國教會的聖言靈修、聖言牧民，都活力充沛，多姿多采。這些小文章插入，分享了旺盛的氣息，沾了光采。願這正宏偉，能延續中韓二族在聖言中互相交流，互相勉勵的美好傳統，共同見証天主的奇妙，在祝福生活的美好。

衷心感謝張益主教作稿探，教化中對聖言的熱愛。感謝譯者的辛勞，繪圖者的用心，和一切在使這些聖經小品能以韓文面世並牧調精力的兄弟姊妹。

高夏芳修女
二〇〇六年六月廿九日

한국 독자 벗님들에게

하느님은 참 묘하셔라. 저의 이 자잘하고 변변치 않은 성경 소품들이 국경을 넘어 한국의 형제자매들을 만나게 되리라고는 어찌 생각이나 했겠습니까.

한국 땅에 신앙이 전해진 역사를 처음 읽었을 때부터 성경과 교회 서적이 그 과정에서 차지한 두드러진 몫에 저는 정말 놀랐습니다. 성경 말씀으로 태어나 자랐고, 오늘에 이르기까지 말씀의 영성과 말씀의 사목이 활기에 넘치며 그 모습 또한 다채로운 한국교회입니다.

이러한 가운데 저의 이 짤막한 글들이 그 왕성한 기운을 나누어 누릴 수 있다면 영광이겠습니다. 바라건대 이 글들을 통해 한·중 두 민족이 앞으로 말씀 안에 서로 사귀고 서로 힘이 되어 주는 귀중한 전통을 이루어 나가면서 하느님의 오묘하심과 그분 안에서 사는 아름다움을 함께 드러내 보였으면 합니다.

장익 주교님이 다리를 놓아 주신 데 대해 마음으로부터 감사하며, 말씀에 대한 주교님의 열성에 탄복할 따름입니다. 번역하신 분들의 노고와 그림을 그려 주신 분의 정성, 그리고 이 성경 소품이 한글로 빛을 보도록 오랫동안 힘써 주신 형제자매들의 모든 노고에 고마운 마음을 전합니다.

2006년 6월 29일
베드로 · 바오로 대축일에
고하퐁高夏芳 마리아

<h1 style="text-align:center">권하는 글</h1>

고하퐁 마리아 수녀님을 알게 된 것은 가톨릭성서연합CBF 1996년 총회를 통해서였습니다. 「아시아 상황에서 성서 읽기」라는 수녀님의 기조강연은 전 세계에서 모여든 성서봉사자와 학자들의 눈을 크게 뜨게 하였습니다. 말씀과 듣는 이의 살아 있는 관계를, 우리의 경우 성경 본문의 특질과 이에 응하는 동양인 고유의 마음과 자세를 올바르게 짚어 주는 참신하고 값진 발언이었습니다.

　더 근원적으로는, 성경 본문이 어떤 개념의 논증보다도 은유의 상징(그림)으로 그 진리를 드러내고 있고 교부들 또한 그 같은 눈과 마음으로 말씀을 새겨듣고 가르쳤음을 고 수녀님은 「성경은 전부가 하나의 비유」라는 글에서 일깨워 줍니다. 성경을 일컬어 "마실 책, 먹을 책, 성장하는 책, 상처를 주는 책"이라고 한 일부 소제목만 해도 동양인의 안목이 엿보입니다.*

이렇듯 말씀을 늘 먹고 마시며 마음에 새겨, 실제 삶으로써 그 참을 깨닫고 입증하려는 교우들이 날로 늘어나고 있습니다. 우리나라 교회의 은혜로운 성숙이 이제는 수효보다 그 생명의 깊이에 주력해야 함을 누구나 절감하게 된 지도 오랩니다. 그렇기에 생명의 샘인 하느님 말씀에 대한 갈증도 더욱 간절하고 또 이를 풀어주려는 열의와 노력 또한 놀랍습니다.

젊은이 어른 할 것 없이 성경에 점점 깊이 맛 들여 가는 우리나라 교우들을 위해, 고하퐁 수녀님의 소박하면서도 깊이 있고 정감 넘치는 성경 단상 마흔 편씩을, '묘'妙 자를 열쇠로 하여, 네 권으로 엮어 우리말로 펴내게 되었음을 더없이 반갑고 고맙게 생각합니다.

번역과 출판을 기꺼이 허락해 주신 고 수녀님과 홍콩 천주교회교우총회, 본문을 정성으로 옮겨 주신 분들과 책을 그림으로 곱게 꾸며 주신 분, 그리고 이 책을 펴내는 노고를 아끼지 않으신 분도출판사 모든 분께 고마운 마음을 전합니다.

2006년 8월
춘천에서, 장 익

* 「아시아 상황에서 성서 읽기」『성서사도직회보』제6호, 1997년 가을, 6-24쪽; 「성서에 관한 상징들」『성서사도직회보』제11호, 2000년 대희년 여름, 16-24쪽. 한국 천주교 주교회의 성서위원회의 허락으로 『하느님, 참 묘하셔라』이미화 옮김, 분도출판사 2006, 233-294쪽에 전재.

1

신발을 벗어라!

일생 동안 우리는 신발을 몇 켤레나 신을까요? 그리고 얼마큼의 길을 걷게 될까요?

요즘 가만 보면 신발 수와 걷는 거리가 정비례하지는 않는 것 같습니다. 신발의 기능이 단지 걷는 데만 있지 않고 꾸미는 데 더 치우치기 때문일까요.

신발이 낡아서 버리는 일도 매우 드뭅니다. 닳아 해지기도 전에 태반은 이미 버려지지요. 신발이 많은 사람이라고 해서 꼭 오래 걸어 다니지도 않을 거고요.

신발의 모양과 쓰임새도 가지가지랍니다. 집에서는 슬리퍼, 외출할 때는 구두, 운동할 때는 운동화, 얼음판에서는 스케이트를 신습니다. 여름에는 샌들, 겨울에는 긴 부츠를 신고, 비가 올 때는 장화를 신지요. 색깔과 디자인도 각양각색입니다. 앞이 뾰족한 것이 있는가 하면 뭉툭한 것도 있고, 굽이 높은 것과 낮은 것이 있습니다. 끈으로 묶는 것, 단추로 여미는 것, 아예 봉해져 있는 것도 있습니다. 한마디로 모든 형태가 다 있다고 보면 됩니다.

바나나 잎처럼 초라한 신발이 있는가 하면, 신데렐라의 유리 구두같이 귀한 신발도 있겠지요. 어머니가 등잔불 밑에서 한 땀 한 땀 지어 준 비단 신발이나 새색시의 꽃신처럼 깊은 정이 담긴 신발도 있습니다.

나치의 수용소 터에는 지금도 낡은 신발들이 쌓여 있고, 방문객의 애도와 추모가 끊이지 않는다고 합니다. 무고한 희생자들의 신발은 아무 말 없이도 잔인한 역사를 웅변하고 있는 듯합니다. 지켜보는 누구라도 분노하고 슬퍼하며, 고통과 부끄러움을 느끼지 않을 수 없지요.

중국에는 신발을 소재로 한 속담이나 성어가 꽤 있답니다. '구두를 닦고 있다'는 말은 아첨하는 사람의 비열함을 빗댄 말입니다. '신발에 맞춰 발을 깎아 낸다'는 말도 있는데, 본말을 뒤엎거나 정작 무엇이 중요한지 모르는 어리석은 사람을 비웃는 말이지요. '정씨가 신발을 산다'는 말은 스스로 지혜롭다고 자처하는 사람의 낡아빠진 사고를 조롱하고 있습니다.

세상에 좋은 신발이 많다지만 그래도 안 신는 것만 할까요! 맨발로 지내던 시절이 그립기도 하네요. 우리는 하루 종일 고달프게 일하고 집에 돌아와 제일 먼저 신발을 벗어 버립니다. 하늘 높고 땅 넓은 줄 모르던 어린 시절에는 맨발로 아무 데나 거리낌 없이 뛰어다니면서 마냥 즐거웠습니다. 그야말로 무엇에도 매여 있지 않던 시절이었지요. 아이들 신발을 들고 쫓아다니던 어른들은 피곤했겠지만요.

그런데 아이가 자라면서 신발에 대한 요구도 덩달아 커집니다. 발을 더욱 잘 보호하여 더 빨리, 더 오래, 더 멀리 걸어야만 하게 된 것입니다. 그리고 사람은 점점 더 땅과 멀어지게 됩니다. 따뜻하고 차갑고, 건조하고 촉촉하고, 딱딱하고 부드러운 대지의 촉감을 느끼지 못하게 된 것이지요. 더욱이 자신이 대지의 일부이며 매우 밀접한 관계가 있다는 사실도 깨닫지 못합니다. 땅이 훼손되고 파헤쳐지는 일 따위에는 관심조차 없습니다.

야훼 하느님께서는 모세에게 중대한 임무를 부여하시기에 앞서, 불붙은 떨기 한가운데에서 그를 부르시며 말씀하시지요.

이리 가까이 오지 마라. 네가 서 있는 곳은 거룩한 땅이니,
네 발에서 신을 벗어라(탈출 3,5).

맨발로 땅을 직접 밟고 접하게 될 때에야 비로소 땅의 신성함을 깨닫게 됩니다. 거룩한 땅을 밟으려면 정결해야

하고 신발을 벗어야 합니다. 게다가 경건하고 공손해야 하며 유연하면서도 세심해야 하지요. 속세를 놓아 버리고 보잘것없는 자기 존재를 깨달아 겸허한 마음을 지녀야 합니다. 행여 잘못 디디고 있는 것은 아닌지, 그른 행동을 하지는 않는지 늘 반성하는 마음도 지녀야 할 것입니다.

하느님께서는 이스라엘 민족을 구원하려는 당신의 계획을 모세에게 드러내 보이시며, 신발을 벗고 맨발로 당신의 뜻을 경청하며 받아들이라 하셨습니다. 그러고 나서 모세에게 힘을 실어 주시지요.

> … 나는 이집트에 있는 내 백성이 겪는 고난을 똑똑히 보았고 … 이제 이스라엘 자손들이 울부짖는 소리가 나에게 다다랐다. 나는 이집트인들이 그들을 억누르는 모습도 보았다. 내가 이제 너를 파라오에게 보낼 터이니, 내 백성 이스라엘 자손들을 이집트에서 이끌어 내어라(탈출 3,7-10).

> 내가 너와 함께 있겠다(탈출 3,12).

하느님께서는 모세를 부르시고 파견하시며 함께 있겠다고 말씀하십니다. 그러므로 모세는 이제 마음놓고 신발을 벗을 수 있습니다. 신발이 주는 잠시의 안도 따위는 이제 아무것도 아니지요. 그는 신발을 벗고서야 비로소 이스라엘의 고통을 깨닫고 자신의 소명을 받아들여 이스라엘의 구원에 투신합니다. 신발을 벗지 않았다면 그야말로 신발 신고 발바닥 긁는 격이었겠지요.

신발을 벗고 맨발이 된다는 것은 일종의 마음가짐이자 정신이며 청렴결백한 삶의 태도를 드러냅니다. 하느님의 부르심을 받아 그분과 더불어 일하는 사람만이 지닐 수 있는 모습이지요. 예수님께서 하느님 나라를 선포하라고 제자들을 파견하시면서 하신 당부는 그러므로 당연한 말씀이었습니다.

신발도 지팡이도 지니지 마라(마태 10,10).

2

꽃을 바라보다

원예가는 꽃을 볼 때,

그 생태와 자라는 모습을 본다.

식물학자는 꽃을 볼 때,

그 품종과 기원을 본다.

화가는 꽃을 볼 때,

그 색깔과 선을 본다.

꽃꽂이하는 이는 꽃을 볼 때,

그 자태와 기세를 본다.

꽃 파는 이는 꽃을 볼 때,

그 값어치와 판로를 본다.

시인은 꽃을 볼 때,

그 정취와 감정을 본다.

임대옥林黛玉(『홍루몽』의 주인공)은 꽃을 볼 때,

세상사와 인생의 무상함을 본다.

예수님께서도 꽃을 사랑하시어 즐겨 감상하셨습니다. 그다지 화려하거나 향기가 진한 꽃은 아니었지요. 사치스럽고 부유한 온실에 피어 있는 꽃도 아니었고, 꽃꽂이 전시장이나 꽃 가게 진열장에 아름답게 장식되어 놓인 귀한 꽃은 더더욱 아니었을 겁니다.

그 무엇에도 거칠 것 없이 자연스럽고 맑게 자라나 온 들녘을 가득 채우는 백합과 같은 꽃들을 그분은 바라보셨음에 틀림없습니다.

그리고 나리꽃들이 어떻게 자라는지 살펴보아라. 그것들은 애쓰지도 않고 길쌈도 하지 않는다. 그러나 내가 너희에게 말한다. 솔로몬도 그 온갖 영화 속에서 이 꽃 하나만큼 차려입지 못하였다(루카 12,27).

예수님은 이렇게 작은 꽃들의 청순함과 소박함을 사랑하셨습니다. 그 무엇에도 구애받거나 집착하지 않으며, 걱정 근심 없는 모습을 좋아하셨지요. 유유자적 자유롭게, 있는 그 자리에서 평온할 줄 아는 그들의 모습에 찬탄하셨습니다. 그들은 유행을 따라 애써 꾸미지 않습니다. 그

렇다고 자족하며 교만스레 거들먹거리거나 사람의 이목을 끌기 위해 나대며 떠벌리지도 않지요. 대자연 가운데 또 하나의 작은 자연이요 지구상의 느낌표라고나 할까요? 설령 내일 시들어 말라 버릴지라도 오늘만큼은 자신의 작은 언덕에서 아름다움을 머금은 채 방긋 웃으며 활짝 피어 있습니다. 이것이야말로 창조주 하느님의 위대하심의 증거가 아니고 무엇이겠습니까?

솔로몬의 화려한 옷, 어느 왕후의 위엄과 지혜, 유명 배우의 패션도 들꽃 한 송이에 비긴다면 빛 바래고 하찮을 따름이지요. 인위적인 아름다움과 자연스런 아름다움, 분장한 얼굴과 진실한 면모가 퍽 대조되겠지요?

예수님께서는 분명 후자 쪽에 애정을 쏟으셨을 것 같네요. 그렇다면 우리는 …?

3

제한

'제한'이라는 말을 들으면 자유를 억압하는 전체주의가 연상되곤 합니다. 일단 부정적인 의미나 속박처럼 느껴지기도 하지요. 그러나 의외로 제한, 국한, 제지, 구속 같은 말에는 반듯한 의미가 담겨 있는 경우도 많습니다. 한번 볼까요?

바닷물이라고 아무 때나 제멋대로 범람하지는 않습니다. 기차는 선로를 벗어날 수 없으며, 자동차는 차도 밖으로 나가서는 안 됩니다. 심지어 광활한 하늘을 나는 비행기도 일정한 항로 안에서만 움직이고 있지요.

우리의 시력이 무한대라서 온갖 것을 다 볼 수 있다고 가정해 봅시다. 또 청각이 어떤 파장이나 주파수의 소리든 다 받아들인다면 어떻겠습니까? 멀거나 가깝거나, 짙거나 옅거나, 향기롭거나 고약하거나 간에 온갖 냄새를 다 맡을 수 있다면요? 또 원하는 곳 어디든 걸어갈 만큼 다리가 튼튼하다면 우리는 과연 어떻게 될까요? 틀림없이 삶은 엉망진창이 되고 혼돈에 빠져 들고 말겠지요.

우리의 수명이 무한하다면 삶은 거칠고 태만해질지도 모릅니다. 시편 저자는 이렇게 하느님께 간청하지요.

저희의 날수를 셀 줄 알도록 가르치소서.
저희가 슬기로운 마음을 얻으리이다(시편 90,12).

무수무량의 세월, 무궁무진한 수명은 내면의 지혜를 잉태하거나 키울 수 없는 법입니다.

인류에게 있어 매우 뜻 깊은 경험이나 성취는 모두 이런 유한성에서 비롯된 것입니다. 우리에게는 하나의 조국, 하나의 가정과 부모, 한 명의 배우자, 자녀 몇 명, 얼마간의 친구가 있습니다. 이런 유한한 관계 안에서 순수한 애정과 우정을 정련해 내는 것이지요. 한 시대와 사회 안에서 한두 개의 직업을 가지고 제 역할을 수행하는 유한성 가운데, 우리는 귀속감과 사명감을 가지게 됩니다.

중국인은 쌀 한 톨에도 글자를 새기거나 그림을 그려 넣을 줄을 알았습니다. 오언절구 스무 자 안에서, 그리고 평성平聲[1]▶과 측성仄聲[2]▶의 압운押韻[3]▶이라는 한계 아래서도 아름다운 시를 창조해 내었지요. 극도로 열악한 생활환경이나 악조건에서도 빛나는 삶을 누릴 줄을 알았습니다. 이렇듯 제한이나 한계는 사람을 더욱 순수하게 만드는 법이지요.

씨앗은 무한한 가능성을 지니고 있는 듯 보입니다. 그러나 '유한한' 토지를 찾아 자리를 잡고 견고하게 뿌리내려야만 비로소 꽃을 피우고 열매를 맺는답니다. 재능이 뛰어난 화가도 결국 캔버스나 종이와 같은 유한한 공간 위에서만 자신의 예술을 구현해 낼 수 있습니다. 제아무리 위대한 음악가라도 음계라는 유한한 수단을 통해야만 자신의 천재적 재능을 펼쳐 보일 수 있는 것입니다. 대문호들 또한 마찬가지이지요. 끊임없이 떠오르는 영감을 유한한 주세와 문제와 분법 안에 응집시킬 때에야 비로소 위대한 문학작품이 탄생합니다.

무한한 잠재 능력은 제한과 한계라는 발판을 통해 그 기량을 십분 발휘하게 됩니다. 그리고 분발하게 하는 구심점이 되어, 잠재 능력이 유한성을 깨고 도약·전진·승화하여 무한을 향해 나아가게 하는 것이지요.

---

[1] 평성: 한자음 사성의 하나로 낮고 순평한 소리.

[2] 측성: 한자음 사성 가운데 상성, 거성, 입성을 통틀어 이르는 말.

[3] 압운: 시가에서, 시행의 일정한 자리에 같은 운을 규칙적으로 다는 일. 또는 그 운.

그리스도인의 생활 각 방면에서도 제한은 있습니다. 구약의 율법은 물론 신약의 예수님도 구속과 제한을 말씀하고 계시지요. 성경에 "불가"不可 그러니까 "안 돼!"라는 표현이 적지 않은 것도 그런 맥락이랍니다.

하늘나라로 통하는 길과 문은 넓지 않습니다(마태 7,13-14 참조). 예수님을 따르는 사람은 "자신을 버리고"(마태 16,24) 그분을 따라야 합니다. 버려야 한다는 제한이야말로 생명을 억압하기 위함이 아니라, 더욱 갈고 닦으려는 것입니다. 생명을 더욱 진실하고, 선하고, 아름답고, 충만하고, 기쁘게 하기 위함이지요.

4

번호

살아가는 동안 우리는 얼마나 많은 번호를 가지게 될까요? 요람에서 무덤까지 매겨지는 번호가 몇 개나 될지 문득 궁금해집니다.

무릇 '등록'에는 번호가 따라다니게 마련이지요. 사람마다 주민등록 번호가 있고, 또 여권 번호나 각종 신분증 번호가 있습니다. 대학에는 학번, 집 주소에는 번지가 있으며, 자동차에는 차량 번호가 있습니다. 기차표, 배표, 비행기표에도 번호가 있고, 예금통장이나 신용카드도 마찬가지입니다. 복권에는 당첨 번호가, 연극이나 음악회 티켓에는 좌석 번호가 있습니다. 공공 서비스 시설을 이용할 때도 번호표를 받아야 하고, 병원에 가서 진찰을 받거나 증명서를 받을 때도, 심지어 패스트푸드를 먹을 때 조차도 예외는 아니지요.

사회 친교 단체에 참여하거나 각종 복지 혜택을 누릴 때에도 많은 경우 회원 번호가 필요합니다. 어떤 번호는 읽고 기억하기 쉽지만 그렇지 않은 것도 있습니다. 또 행운을 가져다준다 하여 사람들에게 특별히 사랑받는 번호도 있지요.

이렇게 하나하나 꼽아 보면 우리는 마치 한 꿰미의 번호들에 빙 둘러싸여 있는 것 같습니다. 이런 번호 외에도 사람의 몸에까지 붙어 다니는 번호가 있답니다. 몸에 걸치는 것들, 위로는 모자에서부터 치마나 바지, 신발, 양말에 이르기까지 전부 치수가 있습니다. 사람의 나이, 키, 몸무게도 숫자로 표시되고, 건강 상태를 나타내는 체온, 혈압, 심전도 등도 일련의 숫자로 파악되지요.

많은 경우, 사람의 신분이나 성취에까지도 숫자가 따라다닙니다. 연봉으로 사람의 성공 여부를 평가하고, 성적으로 학생의 자질과 미래를 판단하기도 하며, 여론조사 결과에 따라 대통령의 능력을 평가하지요.

결국 사람은 번호와 숫자의 굴레에서 도망치거나 피할 방법이 없습니다. 간혹 숫자 더미에 눌려 개인의 진면모는 가려지기도 합니다. 그의 고유한 특징이나 기질, 격조가 사라지고, 그저 수억 수만 수천 수백 수십 명 가운데 하나인 숫자로만 존재하지요. 통계 수치 가운데 아무 의미 없는 작은 수, 하나 더 있거나 모자라도 별 상관 없는 하찮은 존재로 전락해 버리는 것이지요.

이렇게 사람이 숫자와 번호에 민감한 반면, 하느님은 별로 그렇지 않으신 것 같습니다. 당신의 수많은 자녀를 특정한 그룹으로 나누거나 번호 매기지 않으십니다. 우리 모두는 그분 앞에서 각각 유일하고 독특하며, 무엇으로도 대체될 수 없는 존재이기 때문이지요. 그분은 분명히 말씀하십니다.

> 네가 나의 눈에 값지고 소중하며
> 내가 너를 사랑하기 때문이다(이사 43,4).

> 여인이 제 젖먹이를 잊을 수 있느냐?
> 제 몸에서 난 아기를 가엾이 여기지 않을 수 있느냐?
> 설령 여인들은 잊는다 하더라도
> 나는 너를 잊지 않는다.
> 보라, 나는 너를 내 손바닥에 새겼고
> 너의 성벽은 늘 내 앞에 서 있다(이사 49,15-16).

하느님께서는 사람을 부르실 때 결코 냉랭하고 쌀쌀맞게 번호로 부르지 않으십니다. 매우 친밀하고 자상하게 그리고 개별적으로 각 사람의 이름을 부르신답니다. 심지어 당신 친히 이름을 지어 부르기도 하시지요. 예수님께서는 당신 자신을 목자에, 우리 인간을 양에 비유하여 말씀하신 바 있습니다. 그 수가 제아무리 많아도 목자는 양 한 마리 한 마리 모두를 알고 사랑하고 있지요.

목자는 자기 양들의 이름을 하나하나 불러 밖으로 데리고 나간다(요한 10,3).

목자의 계산은 우리의 숫자 놀이와 매우 다릅니다. 그는 남은 양 아흔아홉 마리를 남겨 둔 채, 산 넘고 물 건너 길 잃은 양 한 마리를 찾아 나서지요.

아흔아홉과 하나!

비교가 안 됩니다. 그러나 목자에게는 이런 구분이 무

의미합니다. 그에게는 각각의 양 하나하나가 모두 소중하니까요.

하늘나라 선포의 사명을 띠고 파견되었다가 돌아온 제자들은 처음 맛본 성공에 신바람이 나서 왁자지껄 예수님께 보고를 드립니다. 예수님께서는 함께 기뻐하시면서도 그들을 일깨워 주는 것 또한 잊지 않으셨지요. 단지 전교를 잘하고 성적표 점수가 올라가는 것만으로 기뻐해서는 안 된다는 것입니다. 더 큰 이유가 따로 있으니까요.

너희 이름이 하늘에 기록된 것을 기뻐하여라(루카 10,20).

고개를 들어 하늘을 한번 바라보세요. 번호가 적혀 있나요? 아니면 이름이 석혀 있는 게 보이시나요?

하느님께서는 그곳에 우리 한 사람 한 사람이 머물 수 있는 자리를 마련해 두셨을 뿐만 아니라, 이미 이름까지 기록해 두셨답니다.

5

고요히 듣는 법

옛날 사람들은 매미 소리, 새 소리, 벌레 소리, 닭 우는 소리, 개 짖는 소리를 들으며 살았습니다. 그리고 밀물과 썰물 소리, 파도 소리, 바람 소리, 낙엽 떨어지는 소리, 사각거리는 모래 소리, 소나무들이 바람결에 수런거리는 소리, 처마 끝에서 물 떨어지는 소리도 들으면서 살았지요.

현대인들은 텔레비전 소리와 음악 소리를 들으며 삽니다. 시끄럽게 싸우는 소리, 마작하는 소리, 오토바이 씽씽 달리는 소리, 드릴로 구멍 뚫는 소리, 나는 듯이 질주하는 자동차 소리도 들으며 살고 있지요.

옛날 사람들은 가야금 소리, 피리 소리, 퉁소 소리, 옷감 짜는 소리, 어기여차 노 젓는 소리, 중얼중얼 경 읊는 소리, 목어 두드리는 소리를 들으며 살았습니다. 까르르 웃는 아이들의 맑은 웃음소리와 노인들의 마른기침 소리도 듣고, 상인들이 곡에 맞춰 물건 파는 소리도 들었지요.

반면에 현대인들은 왁자지껄 떠드는 소리, 모터 돌아가는 소리, 자동차 경적 소리, 온갖 시끄러운 기계 소리, 귀청 떨어질 듯 건물 부수는 소리 들을 듣고 삽니다.

옛사람들은 노래를 부르며 일했지만 요즘 사람들은 일할 때 이어폰을 끼고 있습니다.

옛사람들은 벗을 만나면 무릎을 맞대고 속삭이거나, 촛불로 밤을 밝히며 흉금을 털어놓고 두런두런 이야기를 나눴지요. 그러나 요즘 사람들은 친지나 친구를 만나면 그저 큰 소리로 시끌벅석 떠들어 낼 따름입니다.

옛사람들은 저녁을 알리는 북소리와 새벽 종소리를 조용히 들으며 마음을 활짝 열고 기분을 유쾌하게 다스렸습니다. 하지만 오늘날은 밤낮없이 소음에 둘러싸여 있기에 마음을 고요하고 편안하게 가지기가 힘들지요.

하느님께서는 당신 백성들에게 말씀하셨습니다.

이스라엘아, 이제 내가 너희에게 실천하라고 가르쳐 주는 규정과 법규들을 잘 들어라(신명 4,1).

말씀하십시오. 당신 종이 듣고 있습니다(1사무 3,10).

야훼 하느님은 휘몰아치는 폭풍과 거센 불길 가운데 계시는 분이 아닙니다. 오히려 불길이 지나간 다음, 조용하고 부드러운 소리로 말씀하시는 분이시지요(1열왕 19,11-12 참조). 이사야 예언서에 나오는 주님의 종은 자신을 이렇게 묘사하고 있습니다.

그분께서는 아침마다 일깨워 주신다.

내 귀를 일깨워 주시어

내가 제자들처럼 듣게 하신다.

주 하느님께서 내 귀를 열어 주시니

나는 거역하지도 않고

뒤로 물러서지도 않았다(이사 50,4-5).

하느님 나라를 선포하기 시작하셨을 때, 예수님께서는 나자렛 회당에서 성경 한 구절을 읽으시고는 군중들을 향해 말씀하십니다.

> 오늘 이 성경 말씀이 너희가 듣는 가운데에서 이루어졌다(루카 4,21).

사도 바오로는 하느님의 계획과 구원의 여정을 되돌아보면서, 신앙이란 하느님 말씀을 귀 기울여 듣는 데서 시작된다는 사실을 재천명합니다(로마 10,1-17 참조). 하느님께서는 묵시록의 저자 요한을 통해 이렇게 말씀하시지요.

> 귀 있는 사람은 성령께서 여러 교회에 하시는 말씀을 늘어라(묵시 3,6).

오늘날 과연 우리는 고요히 듣는 법을 알고 있는 걸까요? 혹시 언쟁만 일삼고 있는 것은 아닐까요?

6

문_門과 문도_{門徒}

방에는 방문_{房門}이 있고 집에는 가문_{家門}이 있습니다. 성에는 성문_{城門}이 있고 관공서는 아문_{衙門}이라 하지요. 지체 높은 관료에게는 벼슬을 상징하는 후문_{侯門}이, 부자에게는 호족이라 하여 호문_{豪門}이 있습니다. 무릇 사람 사는 곳에는 들고날 수 있는 문이 있게 마련이지요.

'문'_門 자의 모양은, 마치 두 개의 문짝이 나란히 맞대어 놓인 것처럼 보입니다. 이렇게 놓인 문짝은 열리기도 하고 닫히기도 합니다. 사람이 들어올 때는 열리고 안으로 들어가면 닫히게 되지요. 바깥 사람이 들어오는 것을 원치 않을 때 문은 닫혀 있습니다. 문은 이어 주고, 통하게 하고, 모이게 하는 기능을 가지고 있는 한편, 단절하고, 갈라놓고, 사이를 멀어지게도 하지요.

뜻을 확대해 보면 이렇습니다. 사람과 외부와의 접촉점 혹은 분리점이라 할 수 있는 눈, 코, 입, 귀를 사문四門이라 합니다. 일의 핵심을 문에 빗대기도 하고, 일을 처리하는 방법 역시 문이라 일컫기도 합니다. 지식을 배워서 익히는 학문學問 또한 하나의 문을 이루는 셈이지요. 수예, 기술 등 독특한 격조가 있는 것들도 하나의 문이라 칭하고 있습니다. 가르침을 받는 곳도 문, 종파들도 문이라 부릅니다.

이렇게 유추해 보면, '전문가'專門家는 곧 한 분야의 학문에 특별히 조예 깊은 사람을 이르는 말이지요. '분문별류'分門別類는 특성을 분별하는 것을 가리키며, '방문좌도' 旁門左道란 이단이나 사도邪道를 일컫는 말입니다. '문등호대'門登戶對란 신분이 서로 걸맞고 빈부, 학문, 교양 등이 서로 잘 어울림을 가리킵니다.

'입문'入門은 배움에 있어 초보를 가리키는 말이며, 배움을 성취하게 되면 '자립문호'自立門戶라는 말을 씁니다. 혼례 중에 신부가 문을 지나가는 '과문'過門이라는 절차가 있는데, 이는 한 문에서 다른 한 문에 이르는 것, 즉 한 집에서 나와 다른 한 집으로 들어감을 의미합니다. 생명에 있어서는 새로운 단계의 시작을 의미하며, 새로운 신분을 지니고 새로이 귀속됨을 의미하기도 하지요.

스승의 학예와 공부 및 수련을 따르고 가르침을 받는

제자들을 일컬어 '문인'門人, '문생'門生, '문도'門徒라 합니다. 집회서 저자는 지혜로운 사람과 한 무리가 되어 훌륭한 스승을 따르라고 격려하고 있습니다.

> 지각 있는 이를 보거든 이른 새벽부터 그를 찾아다니며
> 너의 발에 문지방이 닳도록 들락거려라(집회 6,36).

제자가 스승의 집을 문지방이 닳도록 다니는 것은 참으로 아름답고 오묘한 정경이라 할 수 있겠지요. 잠언에서는 사람들을 몸소 불러 모아 자신의 제자로 삼는 '지혜'의 모습을 잘 묘사하고 있습니다.

> 행복하여라, 내 말을 듣는 사람!
> 날마다 내 집 문을 살피고
> 내 대문 기둥을 지키는 사람!
> 나를 얻는 이는 생명을 얻고
> 주님에게서 총애를 받는다(잠언 8,34-35).

신약에서는 예수님께 불림받아 따르는 사람을 그분의 문도, 제자라고 부릅니다. 그들은 예수님께 학문뿐만 아니라 사람으로서 지녀야 할 지혜와 원칙을 배웠습니다. 그들은 그분의 생명을 함께 누렸고, 그분의 진리를 받아들였으며, 그분께서 가신 길을 따라갔지요. 예수님은 제자

들이 당신의 고난에 동참하기를 원하셨습니다. 당신의 말
씀과 정신을 이어받아 사명을 수행하고, 당신의 복음을
널리 알리고, 마침내 당신의 영광을 함께 누리기를 바라
셨습니다. 여기서 분명한 사실은, 예수님께서 당신 스스
로를 '문'이라 부르셨다는 점이지요. 문도들의 '입문'이란
바로 그분의 문 안에 들어가는 것이고, 그분의 생명을 그
대로 사는 것을 의미합니다.

내가 진실로 진실로 너희에게 말한다. 나는 양들의 문이다.
… 나는 문이다. 누구든지 나를 통하여 들어오면 구원을 받
고, 또 드나들며 풀밭을 찾아 얻을 것이다(요한 10,7-9).

예수님께서는 하느님과 사람 사이의 중개자이시며, 중추
에 자리 잡은 문이십니다. 그 문을 드나드는 문도들은 그
분 문하에서 사랑과 자유를 만끽할 수 있지요. 좋은 풀이
있는 목장과 집과 평안을 찾게 됩니다. 또한 인생이 가야
할 곳, 마음이 머물 수 있는 곳을 찾게 될 것입니다.

7

열고 닫고 두드리리라!

어머니 배 속에서 나와 무덤에 들어가기까지, 인생이란 일련의 '나가고 들어오는' 삶이요, '열고 닫는' 삶입니다. 구약의 이스라엘 민족에게 가장 뿌리 깊은 신앙 체험은 바로 이집트에서 나와 가나안 복지로 들어간 것이었지요. 즉, 노예의 삶에서 나와 자유의 삶으로 들어간 것입니다. 이 '나가고 들어옴'은 온전히 야훼 하느님께서 마련하신 것, 그분이 이끄시고 함께하신 것이었습니다. 이 체험은 이스라엘 사람들로 하여금 하느님을 온 마음으로 믿고 의지하게 했기에, 그들은 이렇게 서로를 격려하지요.

보라, 이스라엘을 지키시는 분께서는

졸지도 않으시고

잠들지도 않으신다. …

나거나 들거나 주님께서 너를 지키신다,

이제부터 영원까지(시편 121,4-8).

들어오고 나가는 것, 오고 가는 것, 떠나고 돌아오는 것
모두 정해진 때와 방향이 있습니다. 이 모두는 하느님의
자애로우신 안배 아래서 이루어지지요. 문이 열리고 닫힌
다는 것은 인생의 기회와 인연이 잘 맞물림을 의미합니
다. 지혜로운 사람, 거룩한 사람은 자기 삶의 리듬과 선율

을 하느님의 계획과 일치시킬 줄 아는 사람이며, 그분의
의지에 어우러질 줄 아는 사람입니다.

열 처녀의 비유에서 보면, 대의를 소홀히 하고 속수무
책으로 때를 놓치는 과오를 범한 미련한 다섯 처녀를 생
동감 있게 묘사하고 있답니다. 신랑을 기다리던 처녀들이
떨어진 기름을 채우기 위해 기름을 사러 갔다가 돌아왔을
때 이미 문은 잠겨 버렸습니다. 그들은 간청하며 부르짖
었지만 신랑은 오히려 그들을 외면하지요(마태 25,1-13 참조).

주인님, 주인님, 문을 열어 주십시오(마태 25,11).

내가 진실로 너희에게 말한다. 나는 너희를 알지 못한다
(마태 25,12).

알맞은 때를 분별할 줄 아는 사람은 하느님의 뜻에 자기
삶의 리듬을 잘 맞추어 일치를 이룰 수 있습니다. 하느님
과 함께 일하는 동안, 자신을 위해 많은 문이 활짝 열려
있음을 발견하게 될 것입니다.

사도 바오로는 선교 여정 중 이것을 여러 차례 체험했
습니다. 그가 그리스도의 복음을 전파하기 위해 트로아스
에 갔을 때, 주님께서는 당신의 일을 할 수 있도록 그에게
문을 활짝 열어 주시지요.

내가 그리스도의 복음을 전하러 트로아스에 갔을 때, 주님께서 일할 수 있는 문을 나에게 열어 주셨습니다(2코린 2,12).

주님은 이렇게 그로 하여금 사명을 순조롭게 이행하도록 해 주셨습니다. 에페소에 이르렀을 때도 그는 문이 활짝 열려 있음을 발견하게 됩니다.

많은 일을 할 수 있는 큰 문이 나에게 열려 있습니다
(1코린 16,9).

바오로는 바르나바와 함께 제1차 전교 여행을 마친 후 안티오키아로 돌아와 신도들을 모아 놓고 기쁨에 넘쳐 이를 보고하였습니다. 이 이야기를 듣던 많은 군중은 두 사도와 함께 기쁜 마음으로 하느님을 찬송하였지요. 성경은 이렇게 전합니다.

하느님께서 자기들과 함께 해 주신 모든 일과 또 다른 민족들에게 믿음의 문을 열어 주신 것을 보고하였다(사도 14,27).

'문이 닫혀 있다'는 것이 완전히 잠겨 영원히 열리지 않는다는 의미는 결코 아니지요. 들어가고 싶다면 문을 두드리면 됩니다. 그러고는 안에서 주인이 문을 열어 줄 때까지 인내롭게 기다려야 합니다. 예수님께서는 산상 설교에

서, 문 두드리는 비유를 들어 기도할 때의 마음가짐을 설
명하시지요.

> 청하여라, 너희에게 주실 것이다. 찾아라, 너희가 얻을 것
> 이다. 문을 두드려라, 너희에게 열릴 것이다(마태 7,7).

그분은 또 다른 비유를 들어 메시지를 더욱 분명히 하십
니다. 어떤 사람에게 한밤중에 먼 곳에서 손님이 찾아왔
습니다. 그는 마땅히 대접할 것이 없자 친구에게 달려가
문을 두드리며 빵을 꾸어 달라고 청하지요. 친구는 "나를
괴롭히지 말게. 벌써 문을 닫아걸고 아이들과 함께 잠자
리에 들었네. 그러니 지금 일어나서 건네줄 수가 없네"
하며 거절합니다. 그렇지만 계속해서 문을 두드리자 마침
내는 잠자리에서 일어나 친구의 부탁을 들어주지요(루카
11,5-9 참조).

기도 역시 마찬가지입니다. 온전히 신뢰하는 정과 마
음을 가득 품고 인내하며, 인자하신 하느님 아버지의 마
음의 문을 두드리는 것입니다.

그런데 간혹 문을 두드리는 쪽이 우리가 아니라 하느
님이신 경우가 있습니다. 그분은 당신 자녀들의 꼭꼭 걸
어 잠긴 '마음의 문'을 만나게 되어도 그들의 자유를 존중
하시기에 벌컥 열고 들어가지 않으십니다. 오히려 바깥에
서 조심스럽게 문을 두드리시고는 인내롭게 귀 기울이시

며 기다리고 계시지요. 요한 묵시록에는 시적 정취가 물
씬 풍기는 한 폭의 그림같이 아름다운 장면이 있습니다.
자신을 돌아보며 다시금 깨닫게 하는 장면이지요.

보라, 내가 문 앞에 서서 문을 두드리고 있다. 누구든지 내
목소리를 듣고 문을 열면, 나는 그의 집에 들어가 그와 함
께 먹고 그 사람도 나와 함께 먹을 것이다(묵시 3,20).

조심하세요,
때를 놓치지 않도록!
한가하게 기다리지만 마세요.
문이 열릴 때를 놓쳐 버리고
뒤늦게 애달파 눈물짓지 말아야지요!

8

성문과 우물가

성문과 우물가! 성격이 다른 두 장소입니다. 그런데 두 곳 사이에 어떤 연관이라도 있는 걸까요? 그렇습니다. 두 곳 모두 전형적인 친교의 장소로 성경에 등장하고 있답니다.

사람은 머무는 존재입니다. 집이 필요하고 몸 누일 자리가 필요하지요. 개인생활과 가정생활을 영위할 수 있는 사적인 공간과 아울러 개방된 공공장소도 필요로 합니다. 한데 모여 서로 이야기 나누고 휴식과 모임을 갖는 가운데 사회생활을 이어 갈 수 있는 것이지요. 촌락이나 면, 군, 도시 어디든 사람이 모여 사는 곳에는 자연적으로 이러한 집합점이 형성되기 마련입니다. 친교의 장소도 함께 생겨나게 되는데, 비교적 큰 도시에서는 성문 부근의 공 터나 광장이 이런 역할에 적당했지요.

성문은 그 자체로도 매우 중요한 의미를 지닙니다. 성 입구에 위치하면서 성 전체의 안전에 관여하고 있으니까 요. 성문 열쇠를 쥐고 있는 자가 곧 성의 권력자인 셈입니 다. 성문이 함락당하면 성 전체가 점령되는 것은 시간문 제였지요. 누군가가 그 성 주민들의 보호 아래 영광스럽 게 입성한다면 그는 성주나 임금일 것입니다. 시편에 이 런 표현이 있습니다.

성문들아, 머리를 들어라.
오랜 문들아, 일어서라.
영광의 임금님께서 들어가신다(시편 24,7).

성문이 이처럼 중요했던 까닭에, 일반적으로 성문에서 모 임을 가지는 사람들 또한 범부나 한가롭게 시간을 때우는 사람들이 아니었습니다. 권세와 권력과 덕망이 있고 사회 적으로 중요한 위치를 차지하는 상류층 인물들이었지요. 성문을 내왕한다는 것은 신분이 높음을 의미하며, 성문의 일등석을 차지한다는 것은 가장 높은 지체의 상징이었답 니다. 잠언 31장은 훌륭한 아내에 대한 찬송으로, 중간에 이런 구절이 있지요.

그 남편은 성문에서

지방 원로들과 함께 앉을 때 존경을 받는다(잠언 31,23).

욥기를 보면, 온갖 고난에 시달리던 욥이 지난날 성문에서 위풍을 떨치던 시절을 회상하는 장면이 나옵니다.

아, 지난 세월 같았으면!

하느님께서 나를 보살피시던 날들. …

내가 성문에 나가

광장에 자리를 잡으면

나를 보고 젊은이들은 물러서고

늙은이들은 몸을 일으켜 세웠지.

고관들은 말을 삼가고

손을 입에 갖다 대었으며

귀족들은 소리를 죽이고

그들의 혀는 입천장에 붙었지.

귀는 내 말을 듣고 나를 복되다 말하며

눈은 나를 보고 기리며 증언하였지(욥 29,2-11).

성문에는 재능 있고 지혜로운 사람들, 명성이 높은 사람들과 고관들이 가득 앉아 있고, 각 방면의 영웅들도 운집해 있습니다. 그들은 그저 차 한 잔 마시면서 혹은 식후에 한가하게 나눌 만한 자질구레한 일상사 때문에 모인 것이 아닙니다. 그들의 토론은 민족과 국가의 중요한 업무에 관한 것들이었지요. 이러다 보니 성문은 어느새 정치, 문화, 입법, 소송, 판단의 집성지가 되었습니다(신명 17,5; 21,19 참조).

현명하고 선량한 사람, 공덕이 있는 사람은 성문에서 드높이 추앙받았고, 교활하고 궤변이나 늘어놓는 자들은 같은 자리에서 단죄받거나 추방되었지요(시편 127,5 참조). 지혜 문학서에서는 지혜를 여러 차례 의인화하여, 마치 성문에서 소리 높여 외치며 의견을 펴고 훈계하며 연설하는 것처럼 지혜를 묘사하고 있습니다(잠언 1,21; 8,3 참조).

이에 비해 우물가의 모임은 그렇게까지 고지식하거나 엄숙하지 않습니다. 성공한 남자들이 모이는 곳이 성문이라면, 우물가는 가정의 일상사를 여담으로 하는 아낙네들이나 이웃 사람들이 모이는 곳입니다. 그렇기 때문에 이곳의 분위기는 엄숙하거나 부담스럽기보다는 가볍고 자유롭고 친근하며 따뜻한 편이었지요.

도시에 성문이 있는 것과 마찬가지로 비교적 큰 마을 부근에는 (계곡이나 하천 같은 수원지가 있지 않은 이상) 반드시 우물이 있게 마련입니다. 우물은 당시 사람들이 후손에게 남겨 줄 수 있는 큰 선물이었지요. 그 가치는 토지를 훨씬 능가했으니까요. 소나 양도 물이 있어야 제대로 기르고 번식시킬 수 있었지요.

창세기를 보면 아브라함과 이사악이 후손에게 우물을

남겨 주었음을 알 수 있습니다(창세 26,15 참조). 다른 곳으로 옮겨 가게 되면 이사악은 우선 하느님께 감사를 올리는 제단을 쌓고 천막을 쳐 자리를 잡은 다음, 우물을 파서 수원을 마련했습니다. 우물은 그만큼 중요한 것이었답니다(창세 26,25 참조).

우물 가운데 한 곳의 이름은 '르호봇'(넓은 곳)이었는데 "이제 주님께서 우리에게 넓은 곳을 마련해 주셨으니, 우리가 이 땅에서 퍼져 나갈 수 있게 되었다"(창세 26,22)라고 이사악이 한 말에서 나온 이름입니다.

야곱도 후손에게 우물을 남겼는데, 십 수세기가 지난 예수님 시대에 와서도 후손들은 이 우물로 그를 더욱 기념하며 칭송했습니다(요한 4,12 참조).

이스라엘 민족이 광야에서 떠돌이 생활을 할 당시, 브에르에 이르러 야훼께서는 그들에게 우물 하나를 찾게 해 주셨습니다. 이에 그들은 기쁨에 넘쳐 노래 부르지요.

우물아, 솟아라.
너희는 우물에게 노래하여라.
지휘봉과 지팡이로
제후들이 파고
백성의 귀족들이 뚫은 우물이다(민수 21,17-18).

모든 가정에서는 매일 우물에 가서 물을 길어 왔는데, 주로 주부와 소녀들의 일이었습니다. 그러다 보니 우물가는 자연스레 만남의 장소가 되었지요. 물을 긷는 일은 그다지 고되지 않았기에 일을 하는 동안 담소를 나눌 수 있었습니다. 물을 다 긷고도 한동안 이야기를 더 나누고서야 비로소 물동이를 들고 돌아가기도 했지요. 당시 부녀자들은 외출할 기회가 거의 없었기 때문에, 그들에게 있어 우물가는 매우 소중한 친교의 장이었던 것입니다.

우물가는 친밀한 사람들이 모이는 곳일 뿐만 아니라, 새로운 우정을 맺고 심지어 혼인이 이루어지기까지 하는 장소였습니다. 우물가의 만남이 사랑으로 이어져 결국은 가정을 이루게 되었지요. 아브라함의 늙은 종은 주인의 사랑하는 외아들 이사악의 아냇감을 골라 오기 위해 길을 떠났다가 우물가에서 아름답고 착한 레베카를 만납니다(창세 24장 참조). 야곱 역시 우물가에서 그의 아내가 될 라헬을 만났지요(창세 29,1-14 참조). 모세도 예외가 아니었습니다. 그는 우물가에서 미디안 사제의 일곱 딸을 도와준 것을 계기로 그중 하나인 치포라를 아내로 맞게 되지요(탈출 2,16-22 참조).

성문과 우물가!

예수님께서는 서로 다른 두 곳의 분위기를 모두 체험하셨습니다. 예루살렘 성에 들어갔을 때 그분은 군중들의 열렬한 환영을 받으셨지요. 또 율법학자와 바리사이 같은 사회 고위층 인사들과 여러 차례에 걸쳐 토론하셨습니다.

그분은 대단한 평판을 얻었고, 스승으로 존경과 추앙을 받았으며, 성문을 출입할 수 있는 부류에 속하게 되신 거지요. 그러면서도 그분은 우물가에 머물기를 매우 좋아하셨고, 평범한 주부들과 즐겨 이야기 나누셨습니다. 한 번은 사마리아의 우물가에 앉아 계시다가 어느 여인과 오랜 대화를 나누기도 하셨지요(요한 4장 참조).

예수님께서는 그곳이 성문이건 우물가이건 간에 모두 구원과 은총의 장소로 만들어 버리는 분이십니다. 또한 엄숙한 토론과 가벼운 한담 모두를 복음 전파의 도구로 바꾸어 놓는 분이시기도 하답니다.

9

만리장성과 실크로드

중국 북부의 만리장성은 웅장하고 아름답기로 유명하지요. 길이는 약 6천 킬로미터에 달하는데, 중국인의 지혜, 능력, 매력, 끈기, 굳셈 등 그 위대함을 보여 준다고 할 수 있습니다. 이것은 또한 세계 7대 불가사의 중 하나로서 예나 지금이나 세계 각지에서 찾아오는 수많은 관광객들의 칭송을 받고 있지요. 처음으로 달에 착륙한 우주인이 유일하게 육안으로 볼 수 있었던 지구의 건축물이 바로 이 만리장성이었다는 말도 있을 정도니까요.

성을 쌓는 목적은 힘을 한데 모으고 백성을 보호하는 데 있습니다. 만리장성도 마찬가지이지요. 중원을 둘러싸고 있으면서 주변의 유목 민족들과 구별 짓는 구실을 하고 있습니다. 그 웅대함은 대국의 기백을 드러냄과 동시에 용龍의 계승자로서의 오기와 우월감, 자만자족을 표현합니다. 또한 이방 민족과의 교류를 거부하는 폐쇄적 성향을 나타내는 것이기도 하지요.

북방에서 만리장성이 흥건했을 즈음(기원전 2세기) 중국의 심장부에는 또 하나의 기이한 경치가 서서히 모습을 드러내기 시작합니다. 이번에는 높은 성이 아니라 길이지요. 창이나 포탄이 뚫고 들어가지 못할 만큼 견고한 요새가 아닙니다. 구불구불 어찌 보면 마치 숨겨져 있는 듯하면서도 드러나 있고, 드러난 듯하면서도 숨겨져 있는 길이랍니다. 황제의 명에 의해 대규모의 인력을 동원한 토목 공사나 건축물이 아닙니다. 무수한 피눈물이나 아픈 사연을 뒤안에 감추고 있지도 않습니다. 다만 이름 없는 한 사람 한 사람이, 한 걸음씩 걸어 나가면서 이루어 낸 결과물입니다. 그 뒤안길은 동경과 모험으로 가득 차 있고, 무명의 발자국들이 남기고 간 아름다운 꿈이 새겨져 있지요. 이름도 그다지 거창하지 않습니다. 온유와 아름다움과 신비로움으로 사람들을 매혹시키는, 한 편의 시와 같은 이름, 그 유명한 '실크로드'랍니다.

길은 이어 주고, 통하게 하며, 실어 나르고, 움직이게 하는 역할을 합니다. 실크로드는 장안長安에서 시작되어 산 넘고 재 넘는 기복 속에서 서쪽을 향해 꾸준히 이어져 마침내 로마제국의 중심에까지 이릅니다. 이 길을 통해 중국 제일의 특산품인 비단을 서방에 전하고 서방 특산물을 중국으로 가져오게 되었습니다. 동방과 서방은 이 실크로드에서 만나 서로를 만끽하며 각자의 특산물을 서로 나누었지요.

실크로드는 중국인의 지혜, 우정, 평화 그리고 자아를 뛰어넘는 이상을 보여 주고 있습니다. 꿈과 이상, 고난을 극복하는 용기와 의지, 높고 깊은 신념을 드러내 주고 있습니다. 우주 그 자체는 본디 이어진 것이며, 사람의 마음과 마음은 필히 통한다는 것을 그들은 믿었던 거지요.

오늘도 만리장성은 여전한 위용으로 사람들의 앙모와 경탄을 받고 있는 반면, 실크로드는 진즉에 소실되고 말았습니다. 길은 바로 이런 것입니다. 발자국 때문에 생겨나기도 하고 변모되기도 한답니다.

새 천년을 시작하는 지금, 사람들은 하나인 지구촌과 세계화를 부르짖고 있습니다. 우리가 살고 있는 지구는 갈수록 둥글어지고 서로 가까워지고 있지요. 정치는 물론이고 경제, 문화, 과학 기술, 예술, 사상 등의 방면에서 우리는 교류와 대화와 소통을 강조하고 있습니다. 중국과 서방은 모두 자아 중심적인 천조天朝(천자天子의 조정朝廷을 제후의 나라에서 이르는 말) 관념을 떨쳐 버리고, 국경의 장벽을 뛰어넘어 더욱 솔직담백하게 상대방을 향해 다가가야 합니다. 다양한 측면에서 더욱 굳은 신뢰를 지니고 병진해야 하며, 상부상조하고 융합해야 합니다. 인류가 공유하고 있는 보배로운 이 자연을 더욱 아끼고 소중히 여겨야 합니다. 공유하고 있는 인성을 더욱 존중해야만 합니다.

우리 모두는 새로운 실크로드 건설을 희망하고 있습니다. 그리하여 서로를 더 깊이 이해하고 인식하고 만끽하기를, 관계를 보다 유연하고 부드럽고 긴밀하고 고아하게 이어 가기를 바랍니다. 마치 실크로드에서처럼 쌍방의 사상이 더불어 약진할 수 있도록 더욱 광활한 공간이 마련되기를 바라 마지않습니다.

20여 세기의 교회 역사를 돌아보면, 복음은 줄곧 한길을 달려왔음을 볼 수 있습니다. 예수 그리스도는 동방에서 태어나셨지만 그분 구원의 은총인 기쁜 소식은 서방으로 먼저 전파되어 로마제국 전체로 퍼져 나갔습니다. 그렇게 유럽에서 아프리카, 아메리카, 오스트레일리아를 거쳐 아시아로 다시 돌아오게 된 것입니다.

복음 전파의 길은 이렇게 구불구불한 모양을 하고 있습니다. 그 길은 강제로 형성된 것이 아니라 유연하게 이어지고 은연중에 퍼져 나갔습니다. 복음을 보호하기 위한 성벽 따위는 필요 없습니다. 오히려 서로를 갈라놓고 있던 담을 뛰어넘어 세계를 하나되게 했답니다.

> 그리스도는 우리의 평화이십니다. 그분께서는 당신의 몸으로 유다인과 이민족을 하나로 만드시고 이 둘을 가르는 장벽인 적개심을 허무셨습니다(에페 2,14).

그리스도께서는 사랑으로 이 국경과 장벽을 헐어 버리셨습니다. 사랑으로 한발 한발 걸어 나가시면서 '동서남북이 서로 통하는 길'을 만들어 내셨습니다. 그분은 만리장성 같은 성벽을 건설하신 것이 아니라, 사랑의 길을 닦으셨습니다. 더 정확히 말하면, 그 길은 곧 그분 자신의 길입니다. 당신 친히 다음과 같이 말씀하셨으니까요.

나는 길이요 진리요 생명이다(요한 14,6).

10

유효기간

수퍼마켓의 식료품에는 대부분 '유통기한'이 명
기되어 있습니다. 우리는 물건을 살 때 가격에 신경을 많
이 쓰지만 이 유통기한도 유심히 살피곤 하지요. 입시나
취직 시험에 응시할 때, 각종 세금을 낼 때, 서명이나 도
장이 필요한 비자나 계약서에도 반드시 마감 시한 같은
것이 기재되어 있습니다. 이 날짜는 항상 주의해야 합니
다. 행여 납부 기한을 놓쳐 과태료를 내면 어쩌나, 날짜를
넘겨 좋은 기회를 놓치지는 않을까, 공든 탑이 무너지는
헛수고가 되면 어쩌나, 기일이 지나 무효가 되지는 않을
까, 유통기한이 지나 식품이 상하지는 않을까 등등 신경
쓸 일이 한두 가지가 아니지요.

이 밖에 자연이 정한 '때'도 있습니다. 달은 밝을 때와 어두울 때, 차오를 때와 기울 때가 있게 마련입니다. 태양으로 인해 낮과 밤이 있고 매년 어김없이 춘하추동이 돌아오듯이, 우주 만물에는 정해진 때가 있는 법입니다.

풍선에 천천히 바람을 불어넣다 보면, 바람이 가득 차는 순간에 이르게 됩니다. 거기서 조금이라도 바람을 더 불어넣게 되면 풍선은 터져 버리지요. 종이배가 물 위에 떠다니다가 물을 흠뻑 머금게 되면 어느 순간 침몰하고 맙니다. 잘 타던 촛불도 심지를 다 태우고 나면 자연히 꺼집니다. 작은 돌멩이를 하늘 높이 던져 보면 어느 정도 올라갔다가 곧 아래로 떨어집니다. 이렇듯 모든 상황에는 임계점 혹은 극한점이 있습니다.

인생이라고 다를 바 없겠지요. 다만 여기에는 상품이나 고지서처럼 기한이 확실히 명기되어 있지 않습니다. 슬플 때가 있으면 기쁠 때가 있고, 헤어질 때가 있으면 만날 때가 있습니다. 건강할 때가 있으면 병고에 시달릴 때가 있고, 성공할 때가 있으면 실패할 때가 있으며, 나아갈 때와 물러설 때, 얻을 때와 잃을 때가 있는 법입니다. 그렇게 유년기와 청년기를 거쳐 성장하고 장년기와 노년기를 거친 어느 날, 우리는 죽음을 맞게 되는 것이지요.

이처럼 우리는 인생에서 끊임없이 '크고 작은 기한'을 체험하며 살아가게 됩니다. 설령 크게 자각하지 못하더라도, 늘 스스로를 성찰하고 진실한 마음과 올바른 행동으로 모든 생명을 사랑하며 살아간다면, 그의 삶은 자연히 질서와 균형이 잡힐 것입니다. 그는 자기 안에서 인생의 적정한 '유효기간'을 깨닫게 될 테지요. 이는 하느님께서 사람에게 제시하시고 성령께서 신신당부하신 바입니다.

시편 저자는 "저희의 햇수는 칠십 년, 근력이 좋으면 팔십 년"(시편 90,10)이라고 가늠하면서도 한편으로는 하느님께 이렇게 간청하지요.

> 저희의 날수를 셀 줄 알도록 가르치소서.
> 저희가 슬기로운 마음을 얻으리이다(시편 90,12).

사람의 수명을 가늠하기란 쉽지 않습니다. 그러므로 자기 생의 마지막을 알고 싶다면 주님께 간청하여 그분의 지혜를 얻지 않으면 안 됩니다.

때때로 사람은 스스로를 매우 총명하다 여기며, 하느님을 망각한 채 제 수명을 짐작해 보곤 하지요. 자기 앞날은 무한히 펼쳐져 있고, 찬란한 시절이 계속될 줄로만 믿고 있는 것입니다. 마감 시한이 이미 가까이 다가왔음은 꿈에도 생각지 못하지요. 예수님께서는 이런 어리석은 사람을 비유로 들어 말씀하신 적이 있습니다.

> 어떤 부유한 사람이 땅에서 많은 소출을 거두었다. 그래서 그는 속으로 '내가 수확한 것을 모아 둘 데가 없으니 어떻게

하나? 하고 생각하였다. 그러다가 말하였다. "이렇게 해야지. 곳간들을 헐어 내고 더 큰 것들을 지어, 거기에다 내 모든 곡식과 재물을 모아 두어야겠다. 그리고 나 자신에게 말해야지. 자, 네가 여러 해 동안 쓸 많은 재산을 쌓아 두었으니, 쉬면서 먹고 마시며 즐겨라." 그러나 하느님께서 그에게 말씀하셨다. "어리석은 자야, 오늘 밤에 네 목숨을 되찾아 갈 것이다. 그러면 네가 마련해 둔 것은 누구 차지가 되겠느냐?" 자신을 위해서는 재화를 모으면서 하느님 앞에서는 부유하지 못한 사람이 바로 이러하다(루카 12,16-21).

하느님은 자애로운 분이십니다. 또 진정으로 비는 사람들의 간청을 거절 못하시고 당신 마음을 바꾸시는 분이시랍니다. 그렇기에 마감일을 연기해서라도 다시 한번 기회를 주시는 분이시지요. 무화과나무의 비유에서 그분의 이런 모습이 잘 드러납니다.

어떤 사람이 자기 포도밭에 무화과나무 한 그루를 심어 놓았다. 그리고 나중에 가서 그 나무에 열매가 달렸나 하고 찾아보았지만 하나도 찾지 못하였다. 그래서 포도 재배인에게 일렀다. "보게, 내가 삼 년째 와서 이 무화과나무에 열매가 달렸나 하고 찾아보지만 하나도 찾지 못하네. 그러니 이것을 잘라 버리게. 땅만 버릴 이유가 없지 않은가?" 그러자 포도 재배인이 그에게 대답하였다. "주인님, 이 나무를 올해만 그냥 두시지요. 그동안에 제가 그 둘레를 파서 거름을 주겠습니다. 그러면 내년에는 열매를 맺겠지요. 그러지 않으면 잘라 버리십시오"(루카 13,6-9).

유효기간이나 마감 일자를 무한정 연장할 수는 없습니다. 그저 조금 늦출 수 있을 따름이지요. 일 년이라는 은총의 시기를 통해 무화과나무가 분발하고 향상하기를 바랄 뿐입니다. 그리하여 이제 두 번 다시는 그분을 기다리시게 하지 말아야 할 것입니다.

그리고 주님께 다시 한번 기회를 청해 줄 포도 재배인이 많아지기를 바랍니다. 나태하지 않으면서 너무 고집스레 구하지도 말고, 희망을 품은 세심한 마음으로 다시 땅을 파 거름을 주며, 인내롭게 무화과나무를 가꾸어 가기를 바랍니다. 그러다 보면 마감 일자가 되기도 전에 커다란 기쁨을 만끽할 수도 있을 것이며, 유효기간이 지나기 전에 모든 일을 순조롭게 진행할 수 있을 것입니다.

11

끊임없이 피어오르는 향기

주님, 당신께 부르짖으니 어서 저에게 오소서.

제가 당신께 부르짖을 때 제 소리에 귀를 기울이소서.

저의 기도 당신 면전의 분향으로 여기시고

저의 손 들어 올리니 저녁 제물로 여겨 주소서(시편 141,1-2).

많은 문화권과 종교에서는 기도를 한 줄기 피어오르는 분
향에 비유하곤 합니다. 성전, 성당, 사원, 사당, 선실, 산
당, 기도실에 들어서면 청향이나 침향 혹은 유향 등이 물
씬 풍겨 나오지요. 그로 인해 장엄하고 경건하고 엄숙한
분위기가 더해지며, 더불어 깨끗한 정신이 내 안 깊은 곳
까지 스며드는 느낌을 맛보게 됩니다. 그리고 살포시 피

어오르는 한 줄기 분향이 사방으로 퍼져 나가면서 온 성전 가득히 향기가 감아 들고 있음을 느끼게 되지요.

북경의 자금성을 방문한 사람이라면 대궁전 양측에 놓여 있는 두 개의 청동 향로를 보았을 것입니다. 각각 거북이와 학 모양을 하고 있는 향로의 웅대하고 고아하고 수려한 외양과 주조의 정밀함은 실로 대단하지요. 게다가 거북이와 학의 입에서 끊임없이 뿜어 나오는 향의 연기와 그것이 자아내는 분위기 또한 남다릅니다. 황제가 정무를 수행했던 대궁전 바깥 뜰에도 늘 맑은 향이 피어올라 고상한 운치를 더해 주었겠지요.

시편 141의 저자는 태양이 서쪽으로 기울고 저녁노을이 질 무렵 하느님께 기도를 드렸던 것 같습니다. 그는 자신이 올리는 기도 소리를 분향으로 묘사하고 있지요. 황혼의 고요와 적막 가운데 춤추듯 모락모락 하늘로 피어오르는 한 가닥 비단실 같은 분향! 그 맑고 담백한 향연이 석양에 어우러져 빛나고 있는 듯하군요. 이 향기로운 연기는 사람의 마음을 자연스레 일으켜 주님께 다다르게 했고, 주님을 향한 무언의 경건과 찬송, 축복과 감사 그리고 소망에로 이끌었던 것이지요.

구약성경을 보면, 이스라엘 백성의 전례가 허례허식에 빠져 얼마나 공허하고 무의미하게 흘러갔는지를 엄중하게 질책하는 대목이 있습니다.

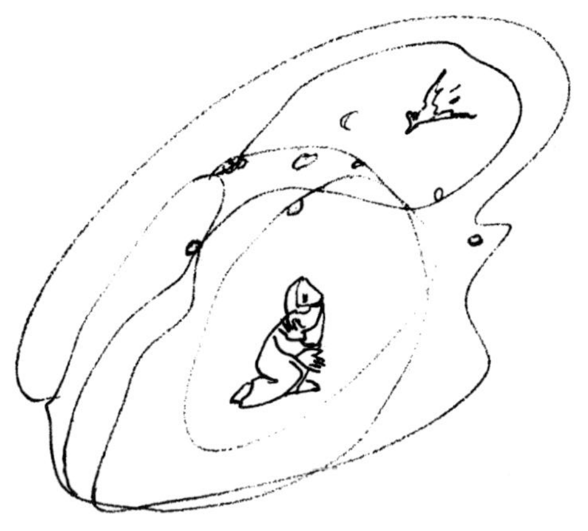

무엇하러 나에게 이 많은 제물을 바치느냐? …

너희가 나의 얼굴을 보러 올 때

내 뜰을 짓밟으라고

누가 너희에게 시키더냐?

더 이상 헛된 제물을 가져오지 마라(이사 1,11-13).

기도할 때 마음은 없이 말만 장황하게 늘어놓지 말라고
예수님께서도 당부하십니다.

너희는 기도할 때에 다른 민족 사람들처럼 빈말을 되풀이
하지 마라. 그들은 말을 많이 해야 들어 주시는 줄로 생각
한다(마태 6,7).

많은 말, 많은 제물, 많은 전례!
하느님께서는 이를 기꺼워하지 않으십니다.
심장과 폐부 깊은 곳에서 끊임없이 피어오르는
분향의 깊고 그윽한 향기!
이것이야말로 그분께서 기꺼워하시는 기도일 테지요.

12

팁

19세기 중엽 프랑스의 문호 발자크Balzac는 오스트리아를 여행하고 있었습니다. 어느 날 마차 삯을 지불하려는데 독일어를 모르던 그는 순간 난감해졌습니다. 그러다가 동전 한 줌을 꺼내 들고는 마부의 손바닥 위에 하나씩 올려놓기 시작했지요. 입으로는 하나, 둘, 셋 … 동전을 세면서 눈으로는 마부의 표정을 살폈습니다. 그러다가 어느 순간 마부가 미소 짓자 동전 하나를 더 집어 그의 손바닥에 얹어 주는 걸로 마무리 지었답니다.

자본주의 사회에서 살고 있는 우리는 얻을 수 있는 것과 지불해야 하는 것을 신중하고 명확하게 분별합니다. 보너스나 수당, 배당금, 심지어 팁에 이르기까지 분명히 따져 계산하지요.

하지만 이런 세밀한 계산법을 하느님과의 관계에 적용하는 것은 결코 적합하지 못합니다. 그분이 베푸시는 모든 은혜에는 까닭이 없기 때문이지요. 우리가 그분에게서 마땅히 얻어 내야 하는 것도 있을 수 없습니다. 사도 바오로는 교우들에게 스스로를 높게 여기지 말 것을 당부하면서 단도직입적으로 묻습니다.

누가 그대를 남다르게 보아 줍니까? 그대가 가진 것 가운데에서 받지 않은 것이 어디 있습니까? 모두 받은 것이라면 왜 받지 않은 것인 양 자랑합니까?(1코린 4,7).

사실 누가 아무것도 아니면서 무엇이나 되는 듯이 생각한
다면, 그는 자신을 속이는 것입니다(갈라 6,3).

우리가 잘 알고 있는 '돌아온 탕자'의 비유를 봅시다. 스
스로의 가치가 대단히 높고 특별하다고 생각하는 사람들
을, 예수님께서는 교묘한 방법으로 정곡을 찔러 가르치고
계심을 발견하게 될 것입니다. 대책 없는 방탕과 게으름
으로 빈둥빈둥 세월만 보내던 작은아들이 어느 날 아버지
께 달려가 말하지요.

아버지, 재산 가운데에서 저에게 돌아올 몫을 주십시오
(루카 15,12).

방자하고 오만하기 이를 데 없는 소리지요? 속뜻은 바로
'아버지! 하루빨리 세상을 떠나 주십시오'입니다. 그래야
만 유산이 돌아오니까요. 그런데 아버지는 돌아가시지 않
고 더 이상 기다릴 수만은 없는 노릇입니다. 어차피 자신
에게 돌아올 몫을 미리 요구하는 작은아들! 아버지에게
잠시 맡겨 두었을 뿐, 결국 자기 재산이라는 거지요.
　작은아들은 이렇다 쳐도 큰아들 역시 별반 나을 바 없
군요. 집 나간 동생이 돌아와 아버지 품에 안기자, 형은
원망과 분노로 가득 차서 잔치에 참여하기를 거부하고는
아버지를 원망하며 말합니다.

보십시오, 저는 여러 해 동안 종처럼 아버지를 섬기며 아버지의 명을 한 번도 어기지 않았습니다. 이러한 저에게 아버지는 친구들과 즐기라고 염소 한 마리 주신 적이 없습니다(루카 15,29).

옹졸하기 그지없는 마음입니다. 세상을 보는 안목이 짧고 행동 됨됨이도 보잘것없거니와 질투에 찬 그 마음 씀씀이라니요. 그저 작은 이익에 눈멀어 아버지의 넓고 큰 사랑은 깨닫지도 존경할 줄도 몰랐던 것입니다. 아버지가 그에게 말합니다.

애야, 너는 늘 나와 함께 있고 내 것이 다 네 것이다(루카 15,31).

모두가 자기 것이면서, 염소 새끼 한 마리라는 작은 팁을 얻으려 전전긍긍했던 큰아들입니다.
하느님의 자비는 무한하며, 베푸시는 은혜 또한 이루 헤아릴 길 없습니다. 사도 바오로는 말합니다.

하느님께서는 이 은총을 우리에게 넘치도록 베푸셨습니다(에페 1,8).

주님의 은총은 산을 밀어 버리고 바다를 뒤엎는 거센 물줄기처럼 그 힘이 무궁한 한편, 끊임없이 흘러내리는 작은 물줄기처럼 항상 우리를 적셔 주십니다. 그분은 "우리 안에서 활동하시는 힘으로, 우리가 청하거나 생각하는 모든 것보다 훨씬 더 풍성히 이루어 주실 수 있는 분"이시지요(에페 3,20).

예수님께서도 하느님의 아낌없는 사랑을 다음과 같은 아름다운 장면으로 묘사하십니다.

주어라. 그러면 너희도 받을 것이다. 누르고 흔들어서 넘치도록 후하게 되어 너희 품에 담아 주실 것이다. 너희가 되질하는 바로 그 되로 너희도 되받을 것이다(루카 6,38).

누르고 흔들어서 넘친다는 것은 곧 남김없이 다 내어 줌을 의미합니다. 예수님께서는 이런 장면들을 통해 사람들이 더욱 굳게 믿고 깊이 체험하기를 바라셨지요. 그분이 행하신 기적 곳곳마다 거리낌 없고 아낌없는 예수님의 마음과 성품이 현저하게 드러납니다. 빵과 물고기의 기적을 보면, 오천 명이 넘는 사람들이 다 배불리 먹고도 남은 것만 열두 광주리가 되었지요(마르 6,35-44 참조).

카나의 혼인 잔치 때 예수님은 물을 포도주로 변화시키시어 새로 맺어진 한 쌍의 부부에게 큰 은혜를 베풀어 주십니다. 그분은 여섯 항아리 모두 가득히 채워 주셨는데, 포도주의 품질 또한 최고급이었지요(요한 2,1-11 참조).

부활하신 후 갈릴래아 호숫가에서 제자들과 만나셨을 때도 그랬습니다. 제자들은 고기를 잡으려고 밤새 애써 보았지만 단 한 마리도 잡지 못했습니다. 그런 그들에게 예수님은 큰 물고기 백쉰세 마리를 선물로 주시지요. 그 물을 끌어 올릴 수 없을 정도로 많은 양이었답니다(요한 21,1-14 참조).

예수님은 우리와 친교를 나누고 교류하실 때, 자질구레한 것들에 대해 따지지 않으시며, 은총을 베푸실 때도 결코 돌려 달라고 요구하는 법이 없으십니다. 겨우 만족할 만큼이 아니라 우리가 원하고 바라는 그 이상으로 항상 넉넉히 베풀어 주시는 분이십니다. 그러므로 우리가 할 일은 하나밖에 없습니다. 마음 놓고 그분을 향해 손바닥을 활짝 펴 내미는 것이 그것이지요.

13

흔적

휘적휘적 내젓는 옷깃
구름 한 점 가져가지 않네.

서지마徐志摩의 「소탈」이란 시의 한 구절입니다.

구름 한 점 가져가지 않더라도, 눈 위의 기러기 발자국처럼 지나간 흔적은 남지 않을까요? 황급히 스쳐 지나는 나그네처럼 인생은 진정 자취를 남기지 않는 것일는지요.

성경은 인생의 무상함을 묘사하는 데 있어, 다양한 표현으로 사람의 마음을 깊고 풍요롭게 울려 줍니다. 처연하면서도 아름답고 시적 의미 또한 풍부한 표현들입니다. 사람은 자기 목숨을 영원하신 하느님 면전에 놓아 둘 수

밖에 없는 작고 미약한 존재이지요.

시편에서는 인생을 아침 이슬, 안개, 들꽃, 풀잎, 입김, 먼지, 석양의 그림자에 비유하여 묘사하고 있습니다(시편 39, 90, 102, 103, 109, 144 참조). 욥기도 크게 다르지 않지요.

나의 나날은 베틀의 북보다 빠르게

희망도 없이 사라져 가는구려(욥 7,6).

꽃처럼 솟아났다 시들고

그림자처럼 사라져 오래가지 못합니다(욥 14,2).

그는 좀 벌레처럼 제집을 지은 것이지.

파수꾼이 만든 초막처럼 말일세(욥 27,18).

이사야 예언서에서도 독특한 표현을 볼 수 있습니다. 인생을 베틀 위의 천에 비유한 것이지요. 하느님께서 천을 짜시다가 베틀에서 잘라 내시면 우리 삶은 끝이 납니다(이사 38,12 참조). 실오라기 같은 흔적조차도 남지 않고요.

흔적 없는 삶의 무상함을 지혜서에서는 성찰적 성격을 띠고 분명하고 아름답게 묘사하고 있습니다.

그 모든 것은 그림자처럼,

지나가는 소문처럼 사라져 버렸다.

그것은 배가 높은 물결을 헤치고 갈 때와 같다.

한번 지나가면 자취를 찾을 수 없고

파도 속에 용골이 지난 흔적도 없다.

또 새가 창공을 날아갈 때와 같다.

그것이 지나간 자리는 다시 찾을 수 없다.

새는 깃으로 가벼운 공기를 치고

그것을 가르며 세차게 날아올라

날갯짓으로 떠가지만

그 뒤에는 날아간 형적을 공기 중에서 찾을 수 없다

(지혜 5,9-11).

물결과 창공을 헤치며 지나가는 그 힘이 대단하다 할지라도 결국 찰나에 불과할 뿐이지요. 물과 공기는 마치 아무 일도 없었던 양 털끝만치의 간섭도 받지 않으며 유유히 흘러 움직입니다. 역사의 흐름과 사람의 오고 감도 마치 '장강長江이 동쪽으로 흘러가 그 물결이 천고의 걸출 인물을 다 씻어 없애는 것'과 다를 바 없습니다. 태양은 변함 없이 아침에 떴다가 저녁에 지고, 시간은 일 분 육십 초의 속도로 지나가지요. 하루가 가면 또 새로운 하루가 시작되고 묵은 해가 가면 새해가 옵니다.

인생이 진정 어떠한 흔적도 남기지 않는 것이라면 '공을 세우고, 말을 남기고, 덕을 세우는 것'은 도대체 무엇이란 말입니까? 모든 것은 사라지지만 "사랑은 언제까지나 스러지지 않습니다"(1코린 13,8)라고 사도 바오로도 말씀하지 않으셨던가요?

이렇게 남아 있는 사랑의 흔적들은 세월 속에 떠돌거나 허공으로 사라지지 않습니다. 그것은 사람들의 마음 안에 각인되어 있으면서, 뒷사람들의 생명 안에 끊임없이 살아남아 계속 발전해 나가게 됩니다.

14

활과 화살

중국 민간 예술에서 유행하는 길상화吉祥畫 가운데 '백자도'百子圖라는 것이 있습니다. 튼튼하고 귀엽고 발랄하고 익살스러운 백 명의 아이들이 화폭에 가득한 그림이지요. 보는 사람을 저절로 기운 넘치게 해 줄 뿐만 아니라, 기쁘고 흥겹고 생기 충만하게 해 주는 그림입니다.

중국 고대 전통과 성경의 유다 문화에는 유사한 부분이 있는데, 자녀가 많고 가족과 자손이 번창하는 것을 하느님의 은총이요 축복이라고 생각하는 점이 그렇습니다. 성경에서도 '백자도'와 동공이곡同工異曲(재주나 솜씨는 같지만 표현된 내용이나 맛이 다름)의 묘를 지닌 표현을 엿볼 수 있습니다. 표현된 형상이 불그스레하고 동글동글 윤기 흐르는

얼굴이 아닐 따름이지, 시편 128에서는 축복받은 가정의
번성한 모습을 나무에 빗대어 묘사하고 있지요.

> 네 집 안방에는 아내가
>
> 풍성한 포도나무 같고
>
> 네 밥상 둘레에는 아들들이
>
> 올리브 나무 햇순들 같구나(시편 128,3).

이것 말고도 자세히 생각해 보아야 비로소 의미를 알 수
있는 장면이 있습니다. 자녀를 화살에 비유한 것이지요.

> 보라, 아들들은 주님의 선물이요
>
> 몸의 소생은 그분의 상급이다.
>
> 젊어서 얻은 아들들은
>
> 전사의 손에 들린 화살들 같구나.
>
> 행복하여라, 제 화살 통을
>
> 그들로 채운 사람!
>
> 성문에서 적들과 말할 때
>
> 수치를 당하지 않으리라(시편 127,3-5).

참으로 오묘한 광경입니다. 활을 쏘면 화살은 곡선을 그
리며 빠르게 날아가다가 날카롭게 하강하면서 과녁을 뚫
게 됩니다. 활시위를 힘껏 잡아당기면 화살의 힘은 더욱

강해지게 마련이지요. 화살 통이 묵직하면 안도감과 자신감이 들고 낙관적이 되며 과감해지기도 합니다.

고대 이스라엘 사회에서 자녀가 많다는 것이 꼭 일을 많이 함으로써 생산성을 높인다는 의미만은 아닙니다. 그 밖에도 자신과 가족을 보호할 수 있는 힘이 되고, 외부의 침략으로 인한 치욕을 면할 수 있고, 더 나아가서는 가문의 명예를 떨치며 높은 자리에 앉아 기세를 드높일 수 있는 것이지요. 그로 인해 사회적 지위 또한 높아지며, 집회나 토론 혹은 소송이나 분쟁에서도 손해를 입지 않을 수 있습니다.

레바논의 시인이자 철학자요 화가이기도 한 칼릴 지브란Kahlil Gibran은 『예언자』에서 부모와 자녀의 관계를 활과 화살에 비유하여 표현한 바 있습니다.

생명은 뒤로 물러나지 않으며
결코 어제에 머무는 법도 없다.

너는 활이며, 너의 자녀들은 바로

너의 몸에서 쏘아 날아간 살아 있는 화살이다.

화살을 쏘는 자인 신神은

무한한 곳을 과녁으로 삼아

힘을 다해 너를 당겨 구부려

화살이 보다 빨리 그리고 보다 멀리 날아가게 한다.

너는 그의 손에서 구부러짐을 기뻐하라.

그는 쏜살같이 날아가는 화살을 사랑하듯이

중후하여 흔들리지 않는 활 또한 사랑하는 까닭이다.

오늘날 우리는 그다지 많은 자손을 원하지는 않습니다. 화살 통이 그득한 것처럼 가족 수를 늘려 기세를 떨치고 싶어 하지도 않지요. 다만 나의 생명이 다음 세대로 계속 이어져 가는 것을 보고 싶을 따름입니다. 나의 후손들이 하늘을 찌를 듯한 원대한 포부를 가지고 정직하고 용감하게 나아가기를 원합니다. 마치 쪽에서 나온 푸른 빛이 더욱 푸른 것처럼 그들이 우리보다 더 훌륭하기를 바라는 것이지요.

그러기 위해서는 명심하세요.

활이 당겨지고 구부러지는 것을 진정 마다 않고 기꺼이 받아들여야만, 화살은 비로소 앞을 향해 쏜살같이 날아갈 수 있는 법이랍니다.

15

반짝이는 별들

중국 사람들은 별을 부를 때면 꼭 '별별'이라 부르기를 좋아합니다. 하나씩 부르기에는 너무나 작기 때문일까요? 아니면 셀 수 없을 만큼 많기 때문인지도 모르지요. 그도 아니면 별들이 너무나 친근하게 느껴져서일 수도 있고요.

언제나 별은 밤하늘에서 찬란하게 빛나고 있습니다. 곱디고운 눈동자를 깜빡거리면서 대지를 잠들게 하고 사람들의 밤을 아름답게 지켜 주고 있지요.

'별별'!

참으로 듣기 좋은 이름이요, 예쁘고 사랑스럽기 그지없는 이름입니다. 그런 까닭에 그 이름은 많은 동요와 민요에서 아름답게 불려 왔고, 달콤하고 따뜻하고 훈훈한 이야기의 소재가 되어 왔지요.

성경에도 별은 매우 아름답게 묘사되어 있습니다. 하느님 당신 친히 별들을 창조하시고 정성껏 하늘에 펼쳐 놓으셨답니다.

> 하느님께서 이것들을 하늘 궁창에 두시어 땅을 비추게 하시고 …(창세 1,17).

> 하늘의 아름다움은 별들의 영광이고
> 별들은 주님의 드높은 처소에서 빛나는 장식이다(집회 43,9).

시편 저자는 고개를 들어 창공을 우러러 하느님 손수 하늘에 진열해 놓으신 달과 별을 바라보고는, 심연에서 절로 우러나오는 감사와 찬미를 노래하고 있지요.

> 주 저희의 주님
> 온 땅에 당신 이름, 이 얼마나 존엄하십니까!
> 하늘 위에 당신의 엄위를 세우셨습니다. …
> 당신 손가락의 작품들을
> 당신께서 굳건히 세우신 달과 별들을.
> 인간이 무엇이기에 이토록 기억해 주십니까?
> 사람이 무엇이기에 이토록 돌보아 주십니까?(시편 8,1-5).

하느님께서는 사람들이 당신의 작품인 밤하늘과 별을 바라보며 감상하는 것을 좋아하시는 듯합니다. 지난날 이스라엘의 조상 아브라함을 부르셨을 때도 그를 들로 데리고 나가시어 눈을 들어 하늘을 쳐다보라 하시면서 말씀하시지요.

> 하늘을 쳐다보아라. 네가 셀 수 있거든 저 별들을 세어 보아라. … 너의 후손이 저렇게 많아질 것이다(창세 15,5).

별을 헤아리는 모습이야말로 얼마나 천진하고 낭만적이며 유유자적한가요! 심지어 경건하기조차 하지요. 별을 헤아리는 모습에는 이상에 대한 집념, 몽상에 대한 동경, 미래에 대한 희망, 앞날에 대한 과감한 용기가 담겨 있습니다. 하느님께서는 별을 헤아리는 것의 의미를 아는 협조자를 원하셨지요. 머리를 들어 하늘을 쳐다볼 줄 알고 별을 헤아릴 줄 아는 백성을 원하신 것입니다.

별이 제아무리 많다 하더라도 하느님께서는 그들 하나하나를 정확히 알고 계시지요.

> 별들의 수를 정하시고
> 낱낱이 그 이름을 지어 주신다(시편 147,4).

그들은 매일 밤 하늘에 얼굴을 드러냅니다. 그 수와 운행

하는 궤도와 배열 짓는 모습은 모두 하느님께서 친히 계
획하고 안배하신 것이지요. 그 무엇도 우연히 이루어진
것이 없습니다. 일체 만물은 모두 그 의미를 지니고 있으
며, 조물주이신 하느님의 지혜를 드러내고 있지요.

우주의 시초부터 하느님께서는 창공에 차례차례 그림
을 그려 넣으셨고, 변하는 가운데 변하지 않는 것과 불변
하는 가운데 변하는 것을 있게 하셨습니다. 팔괘八卦[4] · 하

도河圖[5] · 낙서洛書[6] 훨씬 이전부터 있어 온 찬란하고도 은밀한 이 부호가 얼마나 많은 이들의 호기심을 불러 일으키고 그들을 매료했는지 모릅니다. 그렇기에 세상의 수많은 문화나 종교에서 하늘의 형상을 통해 그 뜻을 예측하고자 했고, 천체 운행과 별자리 연구를 통해 우주와 인생의 오묘함을 탐색하려 했던 것은 결코 이상한 일이 아니지요. 별이 총총한 하늘은 필경 씹을수록 더 맛나는 정경이며, 매우 의미심장하고도 난해한 암호입니다.

그러나 사람들의 이러한 탐색과 연구가 별들에게는 무슨 소용이 있을까요? 그들은 다만 하늘에서 자연스럽고 편안하게 자신의 위치를 지키고 있을 따름이지요. 별들은 누구도 배제하지 않고, 남의 영역을 침범하거나 점령하지도 않습니다. 피차간에 이루어진 무언의 약속대로 서로를 가까이하거나 밀착하려 들지도 않지요. 그러면서도 함께 별자리를 만들고 은하수를 이루고 있습니다. 하느님께서 원하신 대로 자리 잡고서 다양한 형상과 진영을 이루고 있습니다. 집회서 저자는 그들을 "주님의 드높은 처소에서 빛나는 장식"(집회 43,9)으로 보았지요.

---

[4] 팔괘: 중국 상고 시대에 복희씨伏羲氏가 지었다는 여덟 가지의 괘.

[5] 하도: 복희씨 때, 황하에서 용마龍馬가 지고 나왔다는 쉰다섯 점으로 된 그림. 낙서와 함께 주역의 기본 이치가 되었다.

[6] 낙서: 중국 하나라의 우왕禹王이 홍수를 다스릴 때에, 뤄수이(洛水) 강에서 나온 거북의 등에 씌어 있었다는 마흔다섯 개의 점으로 된 아홉 개의 무늬. 팔괘와 홍범구주가 여기에서 비롯한 것이라고 한다.

거룩하신 분의 명령에 따라 그들은 정해진 자리를 지키고
한 번도 경계를 늦추는 법이 없다(집회 43,10).

바룩서에도 별에 대해 매우 아름답고 오묘하고 생생하게
묘사한 대목이 있습니다.

별들은 때맞추어 빛을 내며 즐거워한다.
그분께서 별들을 부르시니 "여기 있습니다" 하며
자기들을 만드신 분을 위하여 즐겁게 빛을 낸다
(바룩 3,34-35).

별은 하느님의 착하고 영리한 꼬마 병정입니다. 자기 초
소를 성실히 지키면서, 기쁜 마음으로 주인에게 충성을
다하고 있지요. 실로 적절하고 흥미로운 비유입니다.
　하느님께서는 별들에게 일상적인 임무 말고도 때때로
특별한 임무를 주시기도 했습니다. 예수님께서 베들레헴
에서 탄생하셨을 때, 별 하나가 나타나 동방박사들의 힘
들고 긴 여정을 인도해 주었던 것처럼 말이지요.

그들은 임금의 말을 듣고 길을 떠났다. 그러자 동방에서 본
별이 그들을 앞서 가다가, 아기가 있는 곳 위에 이르러 멈
추었다(마태 2,9).

별은 혜안 있고 마음 선량한 사람들을 일깨워, 길을 떠나도록 재촉하였습니다. 무언가를 찾아 나서게 하였습니다. 그들로 하여금 가슴 태우게 하고 흥분케 하였습니다. 그리고 마침내 그들을 예수님의 면전에까지 인도하였고, 하늘에서 내려와 사람이 되신 오묘하신 하느님과 만나게 해 주었습니다.

사실, 별은 하늘에서만 빛을 비추어 인도하는 것이 아닙니다. 땅에서도 사명을 이행하는데, 이는 곧 중생을 비추어 주는 일입니다. 무릇 별빛을 받은 자는 그 광휘를 자기 안에 받아들이고, 오랜 시간 후 자신도 모르게 그 빛을 발하는 존재로 변하게 되지요. 예언자 다니엘이 말한 바도 이와 같습니다.

> 그러나 현명한 이들은 창공의 광채처럼
> 많은 사람을 정의로 이끈 이들은 별처럼
> 영원무궁히 빛나리라(다니 12,3).

이것 말고도 또 오묘한 것이 있지요. 별은 사람의 마음 안에서도 빛을 내어 길을 인도할 수 있답니다. 베드로는 예언자를 언급하며 신자들에게 말합니다.

> 이로써 우리에게는 예언자들의 말씀이 더욱 확실해졌습니다. 여러분의 마음속에서 날이 밝아 오고 샛별이 떠오를 때

까지, 어둠 속에서 비치는 불빛을 바라보듯이 그 말씀에 주의를 기울이는 것이 좋습니다(2베드 1,19).

오늘날 우리는 좀처럼 고개를 들어 하늘을 바라보지 않습니다. 네온사인의 현란함 속에서, 별을 바라보는 정취를 점점 잃어 가고 있습니다. 날이 갈수록 별을 헤아리는 사람을 찾아보기 어렵습니다. 그러나 하느님의 꼬마 병정들은 여전히 하늘에서 찬란하게 빛나고 있으며, 땅에 사는 별들 역시 게으름 피우지 않고 도처에서 빛을 발하고 있지요. 사람 마음속의 별들 역시 끊임없이 어둠을 쳐 이기고 있고요.

조심하십시오.
자칫 별들을 지나치는 일이 없도록 주의하십시오.
너무나도 미미하고 고요한 그들이니까요.

16

바람이 부는 대로

바람은 불고 싶은 데로 분다. 너는 그 소리를 들어도 어디에서 와 어디로 가는지 모른다(요한 3,8).

예수님께서는 바람의 자유로움을 주시하십니다. 바람은 어디에서 불어와 어디로 가는 것일까요? 또 얼마나 강하고 빠르게 부는 것일까요?

사람들의 관례나 규제와는 상관없이 바람은 스스로의 규칙을 따릅니다. 달리 말하면, 바람은 창조주의 밀령과 밀약에 따라 분다고 할 수 있겠지요.

예수님께서는 성령의 활동을 바람에 비유하여 말씀하십니다. 성령 안에 사는 사람은 법의 구속에서 자유롭고,

낡은 틀에 얽매이지 않습니다. 노예나 머슴 같은 마음 씀씀이에서 벗어나 하느님의 자녀만이 누릴 수 있는 내적 자유를 얻게 되지요. 공자는 이렇게 말합니다.

> 군자는 마음이 평탄하고 거리낌이 없는데, 소인은 항상 근심하고 두려워한다君子坦蕩蕩 小人長戚戚(『論語』「述而」).

우리도 이렇게 말할 수 있을 것입니다. "하느님의 자녀들은 거리낌이 없습니다. 세상에 사는 것이 곧 자상하신 아버지 집에서 사는 것이니까요."

가는 곳마다 진영을 마련할 필요가 없습니다. 실수로 남의 영역을 침범하지 않을까 걱정할 필요가 없습니다. 자기 것이 아닌 물건에 욕심을 부릴 필요가 없습니다. 피해를 입을까 안절부절못하거나 두려워할 필요가 없습니다. 언제나 정정당당하고 건강하게 자애로운 아버지의 은총을 마음껏 받아 누리며 또 아낌없이 베풀 수 있습니다. 사랑으로 우리의 공동체를 아름답고 살뜰하게 건설하며 꾸며 나갈 수 있습니다. 사도 바오로는 이에 대한 깊은 체험이 있었기에 다음과 같이 신도들을 격려합니다.

> 여러분이 성령의 인도를 받으면 율법 아래 있는 것이 아닙니다(갈라 5,18).

그리스도께서는 우리를 자유롭게 하시려고 해방시켜 주셨습니다. 그러니 굳건히 서서 다시는 종살이의 멍에를 메지 마십시오(갈라 5,1).

진정 여러분이 자녀이기 때문에 하느님께서 당신 아드님의 영을 우리 마음 안에 보내 주셨습니다. 그 영께서 "아빠! 아버지!" 하고 외치고 계십니다. 그러므로 그대는 더 이상 종이 아니라 자녀입니다. 그리고 자녀라면 하느님께서 세워 주신 상속자이기도 합니다(갈라 4,6-7).

하느님의 자녀들이 누리는 자유는 율법이나 훈계를 경시하는 것과는 물론 같을 수 없습니다. 오히려 그것들을 뛰어넘어 완전한 아름다움을 향해 나아가고, 지극한 선에 머뭅니다. 예수님 역시 당신은 율법을 없애러 오신 것이 아니라 오히려 그것을 완성하러 오셨다고 말씀하시지요(마태 5,17 참조).

율법은 단지 커트라인에 불과합니다. 성령의 인도를 받아 사는 사람은 이 율법을 거스르지 않는 데 만족하지 않습니다. 그들은 끊임없이 도약하고 승화하며 그릇된 것을 부단히 타파하려 합니다.

율법의 틀은 그 폭이 아주 좁아 창의력을 발전시킬 여지가 없습니다. 그러나 완전한 선을 향해 나아가는 길은 광활하고 한계나 끝이 없지요. 목표를 향해 나아가는 여러 길이 있습니다. 거룩함에 이르는 방식은 수없이 많고, 선을 행하는 방법과 성현들의 본보기도 참으로 다양하지요. 성령의 바람은 어디에서 와서 어디로 가는지 그 자취를 남기지 않으면서도, 인도하고 정화하며 앞으로 나아가게 합니다. 하느님의 자녀로서 우리는 바로 그 바람 소리를 들어서 알고, 그 방향 또한 분별할 수 있으며, 그 세기도 느낄 줄 알아야 합니다.

바람의 방향을 따라 전진하게 되면 적은 노력으로도 많은 효과를 거둘 수 있습니다. 그러나 바람을 거슬러 나아간다면 몹시 고생스러울 뿐만 아니라 목적지에 도달하기도 힘들어지지요.

'공명차동풍'孔明借東風은 제갈공명이 동풍을 이용하여 승리를 거둔 이야기입니다. 풍세를 예측하고 식별할 줄 아는 것이 얼마나 중요한지, 바람의 힘을 빌리는 것이 얼마나 유리한지를 분명하게 드러내 주는 예이지요.

제갈공명이 동풍을 이용한 것이 보기에는 매우 간단할지 몰라도 실은 초인적인 지혜와 깨끗한 마음, 날카로운 관찰력, 천문지리와 군사에 대한 지식, 지혜를 겨루어 싸웠던 경험과 결단, 과감한 용기 등을 모두 집대성한 결과랍니다.

성령의 바람이 부는 대로 따라 사는 것 역시 결코 쉬운 일이 아닙니다. 지혜와 수양이 수반되어야 하고, 이 바람의 변화 무궁함을 알아야 하지요. 때때로 바람은 시나이

산에서 하느님과 이스라엘 백성이 계약을 맺을 때처럼 우
레와 번개를 동반하기도 합니다. 그런가 하면 호렙 산에
서 예언자 엘리야가 체험한 조용하고 여린 바람일 수도
있지요. 어떤 때는 마치 오순절 아침 성령이 거센 바람 가
운데 강림하신 것처럼 맹렬하게 사람들을 뒤흔들어 놓기
도 합니다.

주님! 당신 자녀들에게 지혜와 통달의 은혜를 허락하
시어 바람을 변별하는 능력을 얻게 해 주십시오. 저희로
하여금 이 세상 무엇에도 거리낌 없이 우뚝 서게 해 주십
시오. 바람이 부는 대로 자유로이 달려 나가 모든 장애와
장벽을 뛰어넘어, 당신의 지극한 선에 다다르게 해 주십
시오.

17

신방을 나서는 태양

고대 이스라엘 사람들은 상상력이 대단히 풍부했습니다. 그들은 대자연을 매우 친근하게 대했을 뿐만 아니라, 섬세하고도 흥미진진하게 의인화시킴으로써 많은 칭송을 받았고 사람들을 미소 짓게 했지요.

태양에 관한 묘사만 해도 그렇습니다. 그 진미를 얻기 위해 오래오래 씹어 볼 만한 가치가 충분합니다. 집회서에서는 무엇과도 비교할 수 없는 태양의 열기를 이렇게 노래하고 있지요.

동이 틀 때 떠오르는 태양은

놀라운 도구가 되어 지극히 높으신 분의 위업을 선포한다.

한낮의 태양은 땅을 메마르게 하니

누가 그 열을 견디어 내겠는가?

화덕에 풀무질하는 자는 뜨거운 열기 속에서 일을 하지만

태양은 그 세 배나 되는 열기로 산을 달군다.

태양은 그 불꽃 같은 열기를 내뿜고

그 강렬한 빛으로 눈을 멀게 한다.

태양을 만드신 주님께서는 위대하시고

그분의 명령에 따라 태양은 제 궤도를 바삐 돈다

(집회 43,2-5).

코헬렛에서 햇빛은 사람들에게 즐거움과 위로를 가져다 주는 것으로 묘사됩니다.

정녕 빛은 달콤한 것,

태양을 봄은 눈에 즐겁다(코헬 11,7).

욥기에서는 태양의 광채가 어떻게 대지를 아름답게 장식하고 온통 새롭게 해 주는가를 강조하지요.

아침에게 명령해 본 적이 있느냐? …

땅의 가장자리를 붙잡아 흔들어 …

땅은 도장 찍힌 찰흙처럼 형상을 드러내고

옷과 같이 그 모습을 나타낸다(욥 38,12-14).

시편 19의 묘사 역시 매우 흥미진진합니다.

> 그곳에 해를 위하여 천막을 쳐 주시니
> 해는 신방에서 나오는 신랑 같고
> 용사처럼 길을 달리며 좋아하네.
> 하늘 끝에서 나와
> 다시 끝으로 돌아가니
> 아무것도 그 열기 앞에서 숨을 수 없네(시편 19,5-7).

사람의 마음을 움직이게 하는 한 폭의 수려한 그림 아닌 가요! 하느님께서는 저녁이 되면 태양이 잠잘 수 있도록 천막 하나를 마련해 주시고, 정한 때가 되면 그를 불러 깨우십니다. 고대 이스라엘 사람들의 단순한 상상이라지만 참으로 천진하고 사랑스럽습니다.

잠에서 깨어난 태양이 천막을 활짝 젖히고 성큼성큼 걸어 나오는 모습은 마치 신방을 나서는 신랑 같군요. 얼굴은 환히 빛나고, 정신은 생생하고 활기차며, 희색이 만면하기만 합니다. 젊음이 샘솟고 용감무쌍하고 의기양양한 신랑처럼, 태양의 굳건하고 밝은 아름다움이 드러납니다. 살뜰하고 고상한 운치에 확실히 독창적이라서 씹으면 씹을수록 맛이 나는 표현이지요.

태양은 일단 떠오르게 되면 충실하게 제 임무를 완수합니다. 제때에 맞춰 돌면서 대지를 비추는데, 그 비춤은

털끝만큼도 이지러짐 없이 공평하고 정직하기만 합니다. 그래서 태양은 줄곧 정의의 상징으로 여겨져 왔던 것이지요. 예언자 말라기는 말합니다.

> 그러나 나의 이름을 경외하는 너희에게는
> 의로움의 태양이 날개에 치유를 싣고 떠오르리니
> 너희는 외양간의 송아지들처럼 나와서 뛰놀리라(말라 3,20).

신약에 와서 이 '정의의 태양'은 자연스레 예수님과 일치하게 됩니다. 그분의 빛은 만백성을 두루 비추었고, 죄악의 어두움을 쫓아 버렸습니다. 그 빛은 세상을 더욱 아름답게 했고, 인류에게 새로운 생명을 누리게 해 주었지요.

예수님은 태양을 인용하여 가르침을 주시기도 했습니

다. 제자들로서는 실천은커녕 이해하기조차 쉽지 않았지만 그 무엇보다 중요한 내용이었지요. 바로 원수를 사랑하라는 말씀입니다.

> 너희는 원수를 사랑하여라. 그리고 너희를 박해하는 자들을 위하여 기도하여라. 그래야 너희가 하늘에 계신 너희 아버지의 자녀가 될 수 있다. 그분께서는 악인에게나 선인에게나 당신의 해가 떠오르게 하시고, 의로운 이에게나 불의한 이에게나 비를 내려 주신다. 사실 너희가 자기를 사랑하는 이들만 사랑한다면 무슨 상을 받겠느냐? 그것은 세리들도 하지 않느냐?(마태 5,44-46).

늘 희색이 만면한 얼굴로 천막을 활짝 열고 신방을 나서는 이 신랑은 빛과 온기로 세상에 생기와 활력을 선사하고 있을 뿐만 아니라, 인류에게 기쁜 소식 보따리를 매일같이 전해 주고 있습니다.

사랑은
이웃과 원수를 구분하지 않고
득과 실을 따지지 않으며
끝도, 국경도, 한계도 없습니다.
마치 태양의 빛살처럼 ….

18

흐르는 물

물이 흘러가는 모습을 조용히 바라보고 있노라면 우주 만물의 변화와 인생의 무상함을 절감하지 않을 수 없습니다.

『삼국연의』三國演義에 다음의 시가 실려 있습니다.

도도한 장강이 동쪽으로 흘러가니

그 물보라는 영웅을 씻어 버렸네.

옳고 그름도 승리나 패배도 돌아보니 허무함이라.

청산은 의구하여 여전히 있건마는

기우는 석양은 붉어져 가네.

장자莊子는 가을비를 바라보며 깨달은 바가 있어 이렇게 노래하지요.

> 천하의 물줄기 가운데 바다보다 큰 것 없네.
> 숱한 냇물이 흘러 들어가지만
> 언제쯤 그칠지는 모르나 물이 넘치는 일 없다네.
> 바다 밑 큰 구멍으로 새어 가지만
> 언제쯤 그칠지는 모르나 그 물이 비는 일도 없다네.

고대 그리스 철학자 헤라클레이토스 역시 물을 통해 깊은 사색에 잠긴 바 있습니다. 그는 만물이 끊임없이 움직인다고 보았습니다. 발을 물에 담가 보면 그 물은 이미 조금 전의 물이 아님을 깨닫습니다. 동양의 현자들 역시 이에 동감했답니다. 동서양을 막론하고 동시대의 현자들은 깊은 공감대를 형성하고 있었던 거지요.

끊임없이 흐르는 물은 과연 언제쯤 멈출 것인가?
강은 언제야 비로소 충만히 흘러넘칠 것인가?
물은 어디서 시작되었으며 어디서 멈출 것인가?
원천은 어디며 귀착점은 어디란 말인가?
코헬렛 저자는 도무지 이해할 수 없었던가 봅니다.

> 강물이 모두 바다로 흘러드는데
> 바다는 가득 차지 않는다.

강물은 흘러드는 그곳으로

계속 흘러든다.

온갖 말로 애써 말하지만

아무도 다 말하지 못한다.

눈은 보아도 만족하지 못하고

귀는 들어도 가득 차지 못한다(코헬 1,7-8).

이러한 심경과 의문에 동조한다면, 혹은 고대 성현의 깊은 사색에 동참하고 싶다면 즉시 해변으로 달려가 물을 바라보십시오.

지류의 강물은 바다를 향해 급히 흘러가려 하고, 해변의 바닷물은 오히려 육지로 다시 돌아오기를 갈망하는 듯 굽이굽이 파도치며 밀려왔다 밀려갑니다. 깊은 바다 속의 물은 의외로 제 분수에 만족한 듯 자신을 지키며 고요하기만 합니다. 그 고요함은 하늘 색을 닮은 푸르름이지요. 물보라는 육지에 닿자마자 온몸을 흩으며 포말로 사라집니다. 한바탕 수다를 늘어놓아도 보지만, 엉뚱한 말만 했음을 깨닫고는 결국 어쩔 수 없다는 듯 뒤로 물러나 바다로 돌아갑니다. 하나 육지는 바다의 애달픔을 아는지 모르는지 여전히 냉랭함을 고수한 채 묵묵할 따름이지요. 바다에 속하는 것은 필경 바다로 되돌아갑니다. 이것은 하느님께서 욥에게 하신 말씀이기도 합니다.

> 그 위에다 경계를 긋고
>
> 빗장과 대문을 세우며
>
> "여기까지는 와도 되지만 그 이상은 안 된다.
>
> 너의 도도한 파도는 여기에서 멈추어야 한다"(욥 38,10-11).

어렵사리 육지에 남은 바닷물도 결국에는 증발해 버리고 말지요. 남의 영역을 침범하는 것은 결국 자신의 원류를 절단하고 자신의 삶을 떠나는 것임을 알아야 합니다.

강물이 바다로 흘러 들어가는 데도 자신만의 리듬과 여정이 있습니다. 원류에 가까운 상류는 물살이 세고 급하며 활기가 넘칩니다. 그러다가 중간에 이르게 되면 천천히 흐르기 시작하지요. 더 이상 기세가 격앙되거나 광포해지지 않습니다. 하천 바닥이 깊고 넓어지면서 세찬

물소리도 고요해집니다. 대해로 합류해 들어갈 즈음에는 더욱 편안하고 태연하여 소리조차 내지 않으며, 흔적 없이 무한의 경지에 융화되어 들어갑니다.

흐르는 물을 조용히 바라보고 있노라면, 세상사의 무상함과 인생의 의미를 새삼 깨닫게 됩니다. 물은 오늘도 쉼 없이 흐르면서 영웅들을 씻어 버리고 있습니다.

19

비와 이슬

하늘에서 내려오는 물! 선조들에게는 큰 놀라움이었 겠지요. 과학적 근거 따위는 중요하지 않았습니다. 비에 관한 이야기는 신화나 동요, 민요 등에서 얼마든지 찾아 볼 수 있고, 오랜 세월 시인 묵객들의 다양한 심경과 우아 한 흥취를 자아내곤 했지요.

비의 과학적 원인에 대해 신경 써 연구하지는 않았지 만, 세심한 주의를 기울여 생생히 묘사하고 비(雨), 눈(雪), 서리(霜), 우박(雹), 이슬(露), 장마(霖) 등으로 분류해 왔습니 다. 우선 비만 보더라도 가랑비(細雨), 소나기(驟雨), 폭우暴 雨, 호우豪雨가 있는데, 제각각 독특한 운치와 분위기를 지 니고 있지요. 명나라 문인 장조張潮는 『유몽영』幽夢影에서 이렇게 읊고 있습니다.

> 봄비는 책 읽기에 알맞고
> 여름비는 바둑 두기에 알맞네.
> 가을비는 곳간 살피기에 좋고
> 겨울비는 술 마시기에 좋다네.

비의 정경은 일상생활과 서로 잘 어우러지기에, 그야말로 아름답고 오묘하다 하지 않을 수 없습니다. 성경 저자 역시 비, 이슬, 서리, 얼음 등에 마음과 얼을 빼앗기기도 했습니다. '왜?'보다는 도대체 '누가?' 비와 서리를 내리는지가 그들의 관심사였지요. 예언자 예레미야는 묻습니다.

> 이민족들의 헛것들 가운데 어떤 것이 비를 내려 줄 수 있습니까?(예레 14,22).

답은 당연히 '없다'이지요. 그렇다면 누가 할 수 있을까요? 오직 하늘 높은 곳에 계신 창조주만이 하실 수 있는 일입니다.

> 눈을 양털처럼 내리시고
> 서리를 재처럼 흩으신다.
> 얼음을 빵 부스러기처럼 내던지시니

그 추위 앞에 누가 서 있을 수 있으랴?

당신 말씀 보내시어 저들을 녹게 하시고

당신 바람을 불게 하시니 물이 흐른다(시편 147,16-18).

그분께서 날아다니는 새들처럼 눈을 뿌리시니

그 모습이 메뚜기가 내려앉는 듯하다.

사람들은 흰 눈송이의 아름다움을 보고 경탄하며

그 떨어지는 모습에 마음을 빼앗긴다.

그분께서는 서리를 소금처럼 땅에 뿌리시고

나무 끝에 얼음 꽃을 피우신다.

북새풍이 차갑게 불어오면

물 위에 얼음이 언다.

물 고인 곳마다 자리를 잡고

갑옷처럼 물을 덮는다(집회 43,18-20).

하느님께서는 서리 내리시기를 마치 소금 뿌리듯 하시고, 눈 내리시기를 마치 새와 메뚜기와 양털을 풀어 날리듯 하신다는 말이지요. 참으로 순박하고 따스한 향기를 내뿜고 있으며, 친근감 있고 사랑스럽기까지 한 장면입니다.

비에 관해서도 성경 저자의 상상력은 매우 활달하며 흥취를 물씬 풍깁니다. 그들은 하느님께서 천상에 물 저장고를 두셨으며, 하늘 위의 물과 하늘 아래의 물이 본디 한몸이었다고 생각한 모양입니다.

하느님께서 이렇게 궁창을 만들어 궁창 아래에 있는 물과 궁창 위에 있는 물을 가르시자, 그대로 되었다(창세 1,7).

그들은 하느님이 비를 내리실 때면 하늘에 있는 수문을 열어 놓아 물이 아래로 떨어지게 하신다고 생각했습니다. 수문을 열고 닫음은 곧 당신 백성에 대한 축복 혹은 불만의 상징이라고 보았지요. 모세가 어떻게 이스라엘을 훈시했는가를 보면 알 수 있습니다.

주님께서는 … 소출을 풍성하게 해 주실 것이다. 주님께서는 너희를 위하여 당신의 그 풍요로운 곳 집 하늘을 여시어, 너희 땅에 때맞추어 비를 주시고 너희 손이 하는 모든 일에 복을 내리실 것이다(신명 28,11-12).

그러나 만약 이스라엘 백성이 주님의 계명을 어기면 하느님께서는 곧 벌을 내리십니다.

비가 내리지 않아 땅이 소출을 내지 않고, 너희는 주님께서 너희에게 주시는 좋은 땅에서 바로 멸망할 것이다(신명 11,17).

욥기에도 인상적인 장면이 있습니다. 유머스럽게도 하느님께서 욥에게 "너에게 물을 터이니 대답하여라" 하고 청하시는(?) 대목입니다. 하느님께서는 그에게 우주의 오묘함을 관찰케 함으로써 조물주의 위대함과 인간의 작고 무지함을 깨닫게 하시려는 것이지요. 그 가운데 비, 눈, 우박, 서리, 이슬에 대한 말씀이 있습니다.

너는 눈 곳간에 들어간 적이 있으며

우박 곳간을 본 적이 있느냐?

내가 환난의 때와

동란과 전쟁의 날을 위하여 저장해 둔 것들을? …

누가 큰비를 위하여 수로를 깎아 텄으며

뇌성 번개를 위하여 길을 놓았느냐?

인간이 없는 땅,

사람이 살지 않는 광야에 비가 내리고

황폐하고 황량한 광야를 흠뻑 적시며

풀밭에 싹이 트게 하려고 누가 길을 놓았느냐?

비에게 아버지가 있느냐?

또 누가 이슬방울들을 낳았느냐?

누구의 모태에서 얼음이 나왔느냐?

또 하늘의 서리는 누가 낳았느냐?

물이 돌처럼 단단해지고

심연의 표면이 얼어붙을 때에 말이다. …

너는 구름에게 호령하여

큰물이 너를 뒤덮게 할 수 있느냐? …

누가 구름들을 지혜로 헤아릴 수 있느냐? …

또 누가 하늘의 물통을 기울일 수 있느냐?(욥 38,22-38).

이 문장을 쓰고 있는 지금, 때맞춰 창밖에는 가랑비가 내
리고 있습니다. 가랑비는 한 방울 한 방울 떨어지기 시작
하더니 큰 빗줄기로 이어지며 대지를 어루만져 줍니다.
마치 어디에선가 물방울을 날라 온 듯 대지를 촉촉히 적
시며, 은은한 꿈으로 한 겹 포근히 덮어 주는 것 같군요.

비는 부드럽고 잠잠하게 내리고 있습니다. 마치 어머니가 불러 주는 다정한 자장가 같기도 하고, 진실한 벗의 나직한 속삭임 같기도 합니다. 한 마디씩 천천히 속삭이며, 같은 말을 수백 번 듣는다 해도 싫증나지 않는, 첫사랑의 연인끼리 나누는 밀어 같네요. 옅은 갈색의 흙 바닥은 빗물을 머금으면서 서서히 진한 갈색으로 단장하고, 회색의 시멘트도 별 수 없이 검게 물들어 갑니다. 하느님께서 천상의 보물로 대지를 축복하시며 인류에게 밀어를 건네시는 바로 그 순간입니다.

20

불을 지르리라!

예수님께서 말씀하십니다.

> 나는 세상에 불을 지르러 왔다. 그 불이 이미 타올랐으면
> 얼마나 좋으랴?(루카 12,49).

음양오행 가운데 불(火)은 가장 맹렬한 것입니다. 어떤 물체건 일단 불을 만나게 되면 그때는 이미 전과 같을 수 없습니다. 그을리거나 타 버리고 말지요. 불꽃을 내며 작열하거나 용해되기도 하고, 익거나 정련되기도 합니다.

　예수님께서는 이 세상에 불을 지르러 왔다고 하셨는데, 어떤 의도로 하신 말씀일까요? 구약에서는 불을 하느

님의 징벌로 여기는 장면들이 나옵니다.

> 보라, 주님께서 불에 싸여 오시고
>
> 그분의 병거들은 폭풍과 같다.
>
> 격분 속에 당신의 분노를,
>
> 불길 속에 당신의 질타를 퍼부으시려는 것이다.
>
> 정녕 주님께서는 불로 심판하시고
>
> 당신 칼로 모든 인간을 심판하시리니
>
> 주님께 처형되는 자들이 많으리라(이사 66,15-16).

소돔과 고모라 사람들이 온갖 죄악을 저지르면서도 이를 반성하지 못하였기에, 그들은 결국 유황과 불로 멸망하고 말지요(창세 19,24-25 참조). 예수님께서 복음을 선포하시던 때도 이런 장면을 찾아볼 수 있습니다. 예수님과 제자들이 예루살렘으로 가던 중 사마리아를 지나가고 있었지요. 그들은 마을로 들어가 하루를 묵을 예정이었는데, 옛날부터 유다인들과 사이가 좋지 않았던 사마리아 사람들이 이를 거절합니다. 제자들은 크게 분노하며, 스승께 무례하게 구는 이 사람들이야말로 눈뜬장님과 같다고 원망하지요. 두 제자가 예수님께 여쭙니다.

> 주님, 저희가 하늘에서 불을 불러 내려 저들을 불살라 버리기를 원하십니까?(루카 9,54).

마을 사람들이야말로 벌받아 마땅하다고 생각하던 그들은, 주님에게서 칭찬을 들을 줄로만 알았겠지요. 그러나 저런! 그들은 양선하고 겸손하며 자애로운 스승을 소인배로 여기는 우를 범하고 말았습니다. 예수님께서는 돌아서서 제자들을 꾸짖으시고는 가시던 길을 계속 가시다가 다른 마을로 들어가시지요.

그분이 세상에 불을 지르신다는 것은 분노를 터뜨리거나 징벌하시기 위해서가 아닙니다. 나아가 이 세상을 멸망시키기 위함은 더더욱 아니지요.

불은 또한 하느님의 거룩한 말씀을 상징하기도 합니다. 예레미야서에서 하느님께서는 당신의 말씀을 불에 비유하셨고, 예언자도 하느님의 말씀을 받아들이고 난 후의 느낌을 불로 표현하며 고백하지요.

> 나의 말이 불과 같고 바위를 부수는 망치와 같지 않으냐?(예레 23,29).

> 뼛속에 가두어 둔 주님 말씀이
> 심장 속에서 불처럼 타오르니
> 제가 그것을 간직하기에 지쳐
> 더 이상 견뎌 내지 못하겠습니다(예레 20,9).

하느님의 말씀은 차가운 마음을 불과 같이 뜨겁게 타오르

게 하고, 빛을 비추어 명오를 열어 주며, 말과 행동을 정
화시켜 줍니다. 또 불은 주위에 옮겨 붙어 다른 사람에게
까지 전해지지요.

부활하신 예수님께서 엠마오로 가는 두 제자에게 나타
나셨으나 그들은 주님을 알아보지 못합니다. 주님은 아둔
하고 어리석은 그들에게 성경을 해석해 주시는데, 이때의
심경을 회상하며 그들은 말합니다.

길에서 우리에게 말씀하실 때나 성경을 풀이해 주실 때 속
에서 우리 마음이 타오르지 않았던가!(루카 24,32).

이것이 바로 예수님께서 넣어 주신 불씨입니다. 작디작은 불티가 들판을 태우듯이 하느님의 말씀은 사람의 마음을 변화시키고 세계를 바꾸어 놓으십니다. 성령이 불혀 모양으로 내려오셨다는 것도 바로 구원의 기쁜 소식이 세상에 퍼져 나감을 의미하지요. 세상 어디에나 이 성령의 불이 타올라, 그 빛과 열이 온 인류에게 새로운 기운과 온기와 희망을 가져다줌을 의미하는 것입니다.

　성경에는 또 다른 의미를 지닌 불도 있습니다. 바로 사랑이지요. 아가는 깊고 견고한 사랑, 그 무엇으로도 막을 수 없는 사랑을 불꽃에 비유하여 묘사합니다.

> 그 열기는 불의 열기
> 더할 나위 없이 격렬한 불길이랍니다.
> 큰 물도 사랑을 끌 수 없고
> 강물도 휩쓸어 가지 못한답니다(아가 8,6-7).

예수님께서는 이 사랑의 불길로 세상을 태우려 하신 것이지요. 예수성심은 그런 예수님께서 드러내신 당신 마음입니다. 그분의 심장은 길고 날카로운 가시들에 찔려 있고, 그 위에는 불꽃 하나가 활활 타고 있지요. 예수님은 당신 손으로 그 심장을 가리키시며 우리에게 이렇게 말씀하시는 것 같습니다.

보라! 나의 불타는 심장을.

이토록 상처 입기까지 나는 너희를 사랑한단다.

아니 너희를 위해 이 생명 다 바치기까지 사랑한단다.

예수님은 당신이 세상에 지르신 그 불이 오래도록 타오르기를 바라십니다. 불이 활활 타오르기 위해서는 여러 요소가 필요한 것처럼 예수님의 복음, 그분의 말씀, 그분의 사랑과 정신이 타오르기 위해서는 그리스도인들의 살아 있는 체험과 선교가 필요합니다. 교황 요한 바오로 2세께서는 「아시아 교회」라는 권고를 통해 다음과 같이 말씀하시지요.

아시아에서 구원의 기쁜 소식을 성공적으로 전하려면

먼저 자신이 그리스도께 대한 사랑으로 불타야 합니다.

우리가 늘 그리스도의 사랑 안에서 살아가고 또 그 사랑의 불을 이웃에게 전할 수 있기를 바랍니다.

21

광야

도시에 사는 현대인들은 광야에 대해 이렇다 할 인상을 가지고 있지 않습니다. 그저 자질구레한 지식의 편린들에 의존하거나 영화에서 본 것, 아니면 상상에 맡겨 볼 뿐이지요. 황갈색의 메마른 땅과 모래, 깨진 돌과 건조한 흙, 나무 한 그루·꽃 한 송이·풀 한 포기 없는 벌판, 새나 짐승 한 마리 없는 삭막한 곳, 죽은 듯이 고적하고 외로운 땅, 생기라고는 전혀 없이 아득한 침울함과 무거운 침묵으로 가득 찬 곳, 그 무엇 하나 어찌해 볼 도리가 없는 곳 ….

그런데 성경에는 광야가 자주 등장합니다. 구약, 신약 할 것 없이 자주 언급되는데, 실제 광야뿐만 아니라 상징적 의미로도 많이 표현되지요. 이집트를 탈출한 이스라엘 백성은 약속의 땅에 들어가기까지 약 사십 년의 세월을 광야에서 보냅니다. 세례자 요한도 젊었을 때 광야에서 은둔 생활을 했다고 하지요. 예수님도 공생활 이전에 광야에서 사십 일간 고행하시며 기도하셨고요. 초대교회의 수도승들도 세속을 떠나 홀로 광야에 머물며, 기도와 극기와 고행을 통해 거룩함에 이르고자 했습니다.

대관절 무슨 이유로 그들은 광야로 간 것일까요? 물론 광야가 늘 긍정적인 의미로만 언급된 것은 아닙니다.

사막과 구렁의 땅에서
가뭄과 암흑의 땅에서
어떤 인간도 지나다니지 않고
어떤 사람도 살지 않는 땅에서
우리를 인도하신 주님께서는 어디 계신가?(예레 2,6).

그분은 불 뱀과 전갈이 있는 크고 무서운 광야,
물 없이 메마른 땅(신명 8,15).

즉, 광야는 사악의 장소이자 더 나아가서는 사탄의 거처이기도 했습니다. 이스라엘 풍습에서는, 속죄 예식 때 염소의 머리 위에 백성들의 죄를 씌워서 광야로 쫓아 보내곤 했습니다. 염소로 하여금 죄악을 가지고 사악의 장소로 돌아가게 한 것이지요(레위 16,10 참조).

예수님께서 마귀 들린 사람 여러 명을 고쳐 주셨듯이, 예수님 시대만 해도 마귀 들린 것은 그다지 별난 일이 아니었습니다. 그야말로 주위에서 흔히 볼 수 있던 모습이었지요. 마귀가 주로 출몰하는 장소가 바로 광야였습니다. 예수님 자신도 광야에서 단식하며 기도하실 때 마귀의 유혹을 받으신 바 있지요. 그러므로 누구나 광야를 지날 때는 혹여 마귀를 만나 시험을 당할 것을 대비하여 마음의 준비를 하고 조심을 다해 경계해야만 했습니다.

광야 체험은 사람을 호탕하고 굳세게 만드는가 하면, 단순 소박하게 혹은 용감하고 의연하게 만들어 주지요. 그러나 의지가 약하거나 매사에 경망스럽고 방자한 사람 혹은 욕심 많고 안일한 사람이 광야에 들어가게 되면, 반드시 유혹에 빠지거나 실망하고 괴로워하게 됩니다.

이집트를 막 떠났을 때만 해도 의기양양하던 이스라엘 백성들은, 광야에서 어려움을 맞닥뜨리고는 하느님께 대한 믿음을 잃고 원망과 불평을 늘어놓기 시작하지요. 하느님의 자애와 관심 그리고 그들을 위해 베푸셨던 수많은 기적과 공로는 일순간에 몽땅 잊어버리고, 오직 이집트의 고기와 마늘을 그리워하면서 광야의 황폐함과 생활의 결핍에 대한 원망만을 품게 됩니다(민수 11,4-6 참조). 그러다가 마침내는 금송아지를 하나 만들어 놓고 야훼 하느님을 대신하여 섬기는, 그야말로 커다란 죄를 범하고 말지요.

예언자 엘리야는 비범한 사람이었지만 심혈을 기울였던 자신의 수고가 모두 수포로 돌아가고 목숨마저 위태로워지자 광야로 도망을 칩니다. 그는 쫓기면 쫓길수록 더욱 의기소침해지고 용기를 잃어버리게 되었지요. 실망한 그는 모든 것을 포기하고 주저앉아 차라리 죽게 해 달라고 청합니다. 삶을 끝내고 역사의 무대에서 물러나려 한 것이지요(1열왕 19,1-18 참조).

아브라함의 첩 하가르의 처지도 다를 바 없었습니다. 아이를 데리고 광야로 나갔지만 양식과 물은 떨어지고, 절망에 빠져 아이를 덤불 아래 내려놓고는 큰 소리로 통곡하며 함께 생을 마감하려 하지요(창세 21,14-16 참조).

광야에서 사람들은 하느님께 잊혀졌다고 생각하지만, 사실 하느님은 한결같이 그들과 함께 계시고 언제나 동행하고 계십니다. 위의 단편들도 비극으로 끝나지 않았지요. 광야를 헤매던 이스라엘 백성은 약속의 땅에 무사히 안착했고, 엘리야도 다시 기운을 차리고 재기하여 하느님과 백성을 위해 마지막까지 충성을 다했답니다. 하가르 역시 곤경을 무사히 넘겨 아이를 잘 길러 냈고요.

광야는 정의와 불의가 투쟁하는 장소입니다. 하느님께서 사람에게 막중한 임무를 부여하시기 전에 그 근골을 단련케 하시는 시험장이기도 하지요. 그러면서도 한편으로는 온정과 친근함이 있는 곳입니다. 하느님께서는 광야에서 세심하고 지극한 사랑과 자비를 보여 주셨습니다.

사십 년이라는 긴 세월 동안 광야를 걷던 당신 백성에게 매일 만나를 내려주셨고, 맑은 물과 고기도 내려주셨습니다. 낮에는 더위에 시달리지 않도록 구름 기둥으로 그들의 발길을 인도하셨고, 밤에는 불 기둥으로 비추어 주셨지요(탈출 13,22 참조). 후대의 예언자들은 이 광야 시절이야말로 하느님과의 밀월기였다고 보았답니다. 하느님 또한 이 시절의 포근함과 감미로움을 이렇게 회고하시지요.

> 그러나 이제 나는 그 여자를 달래어
> 광야로 데리고 가서
> 다정히 말하리라. …
> 거기에서 그 여자는 젊을 때처럼,
> 이집트 땅에서 올라올 때처럼 응답하리라(호세 2,16-17).

하느님께서는 광야에서 당신의 뜻과 계획을 자주 계시하셨습니다. 이스라엘을 이집트에서 구원하시려는 큰 계획을 모세에게 처음 언급하신 곳도 바로 광야였지요. 그분은 광야에서 불타는 떨기를 통해 말씀하셨답니다(탈출 3장 참조). 세례자 요한도 광야에서 자신의 사명을 깨달았고, '광야에서 외치는 이의 소리'라고 일컬어지기도 했지요.

> 하느님의 말씀이 광야에 있는 즈카르야의 아들 요한에게 내렸다(루카 3,2).

광야는 하느님과 인간이 만나는 곳이며, 예수님과 하느님 아버지가 서로 밀담을 나누시던 곳입니다. 예수님은 하늘 나라를 선포하시느라 여념이 없는 중에도 자주 무리를 떠나 광야로 가시어 아버지와 긴밀한 만남을 가지셨습니다. 때로는 이 자리에 제자들을 초대하기도 하셨지요. 이는 복음사가들이 기록한 바와 같습니다.

다음 날 새벽 아직 캄캄할 때, 예수님께서는 일어나 외딴곳으로 나가시어 그곳에서 기도하셨다(마르 1,35).

날이 새자 예수님께서는 밖으로 나가시어 외딴곳으로 가셨다(루카 4,42).

너희는 따로 외딴곳으로 가서 좀 쉬어라(마르 6,31).

오늘도 그분은 우리를 불시에 '광야'로 초대하십니다. 이 초대를 결코 거절하지 마십시오. 그분과 함께 광야로 들어가는 것이야말로 우리에게 가장 중요한 일이니까요.

광야!
그분이 계시지 않으면,
그곳은 메마르고 음험한 황무지일 뿐입니다.
그러나 그분이 계시기에,
광야의 투쟁은 나를 성장시킵니다.
광야의 연마는 나를 강하게 합니다.
광야의 드넓음은 나의 마음과 정신을 승화시킵니다.
광야의 정적은 내게 친밀해집니다.
물질의 결핍은 정신적 부유함을 가져다주며
삶의 단조로움은 청순한 기쁨과 즐거움으로 변할 것입니다.

22

산과 물

파키스탄 시인 이크발Iqbal의 글을 읽은 적이 있습니다. 히말라야 산과 갠지스 강이 서로 만나 이야기를 나누는 내용이었는데 대화는 격렬한 토론으로까지 이어지게 되지요.

강이 비웃으며 산에게 말했다.

"당신은 걸어 올라갈 수 없을 만큼 높아요. 꼭대기는 구름과 안개로 덮여 있고, 늘 맑은 물이 흐르고 있지요. 당신은 진중할 뿐만 아니라 깊이가 있어서 조물주가 세상을 창조할 때부터 당신에게 부여한 신비를 잘 간직하고 있군요. 그런데 참 안타깝지요! 당신은 반신불수나 마찬가지잖아요.

늘 한자리에만 있을 뿐 움직일 수가 없지 않아요? 그러니 위엄을 간직한들 무슨 소용이 있겠어요? 움직이는 것만이 생명이고, 변하는 것만이 존재의 참뜻 아니겠어요?"

그러자 산이 반박하기 시작했다.

"늘 쉬지 않고 흐르는 당신은 결국 어디까지 가게 될지 스스로도 모를 거예요. 그래요, 당신은 흐르고 움직이고 변하지요. 그래서 스스로가 아름답고 자유롭고 호탕하다 생각하겠지만, 사실상 죽음을 향해 다급하게 가고 있는 것뿐이에요. 흐르면 흐를수록 죽음은 가까워지고 있어요. 당신은 주저없이 맹목적으로 바다를 향해 돌진하지만 그 끝은 파멸 아닌가요? 결국 당신 자신은 온데간데없이 사라지고 말 뿐이에요."

산은 산대로 존재 이유가 있고, 물은 물대로 제 논조가 있게 마련입니다. 산은 높은 곳을 향해 우뚝 솟아 있고 물은 심연을 향해 가고 있지요. 산은 영험한 기운이 있어 많은 생명을 살리고, 물은 유순하고 겸허하여 "만물을 이롭게 하면서도 싸우지 않습니다"(『老子』).

공자는 "지혜로운 사람은 물을 좋아하고 어진 사람은 산을 좋아한다. 지혜로운 사람은 움직이나 어진 사람은 고요하다. 그렇기에 지혜로운 사람은 즐겁게 살고 어진 사람은 오래 산다"(『論語』, 「雍也」)고 했지요. 그는 물과 산을 절대적으로 비교한 것이 아닙니다. 그 둘 모두를 존중하

였지요. 제일 좋은 것은 양자를 겸비하는 것 즉, 지혜로우면서도 어진 것입니다. 움직임과 고요함, 진중함과 민첩함, 한결같음과 변화무쌍함, 유구함과 청신함은 서로를 수용하지 못하거나 배척하거나 반대하는 것이 결코 아닙니다. 서로 어우러져 존재하며 함께 빛나는 것이지요.

천지 창조 때 하느님께서는 산과 물을 조화롭고 미묘하게 배치해 놓으셨습니다. 굽이굽이 이어진 봉우리들과 계곡을 흐르는 물, 그야말로 잘 어울리는 풍광이지요. 중국에도 기세 드높게 흐르는 장강과 황하가 있고, 그와 어울리게 장엄하고 화려한 오악五嶽이 우뚝 솟아 있습니다. 옛사람들이 "항산恒山은 걷는 듯하고, 태산泰山은 앉아 있는 듯하다. 화산華山은 서 있는 듯하고, 숭산嵩山은 누워 있는 듯하며, 형산衡山은 나는 듯하다"라고 말한 것처럼 오악은 각각의 고유한 아름다움을 지니고 있지요. 그 외에도 사계절 언제나 선경인 황산黃山이 있고, 기이한 봉우리가 무궁무진했으니 이러한 산수야말로 얼마나 깊은 애정과 심상을 불러 일으켰을는지요!

끊임없는 장강의 흐름을 바라보며 소동파蘇東坡는 이렇게 개탄합니다. "장강은 동쪽으로 흘러가 그 물결은 천고의 걸출 인물을 다 씻어 없애누나."

태산에 오른 공자는 천하의 미소함을 깊이 깨달은 바 있습니다. 경정산敬亭山을 바라보던 이백李白은 고적한 인생 가운데 새가 날고 구름이 흩어지는 사이사이, 언제 보아도 싫증 나지 않는 대상이 있음을 깨닫습니다.

하느님과 인간이 교감하는 구원의 역사에서도 산과 물은 중요한 역할을 담당하지요. 하느님께서는 이스라엘 백성이 이집트를 떠나 홍해를 건너고 또 요르단 강을 건너 약속의 땅에 들어가도록 이끌어 주십니다. 그리고 시나이 산을 계약의 땅으로 선택하시어 거기서 그들과 엄숙하고도 장엄한 계약을 맺으시지요.

그 후 바빌론 유배 중 이스라엘 백성은 바빌론 강 기슭에서 비애에 젖어 눈물 지었으며(시편 137 참조), 먼 이국 땅에서 밤낮으로 고국을 생각하며 고향의 헤르몬 산과 요르단 강을 그리워하였습니다(시편 42 참조). 이스라엘과 하느님의 만남과 이별에는 이렇게 산과 물이 배경으로 함께하면서, 죄를 범하고 다시 아버지께 돌아오는 이스라엘을 지켜보고 있었지요.

예수님의 일생 역시 산수와 인연이 깊었답니다. 그분

은 요르단 강가에서 세례를 받으신 후, 하느님 나라를 선포하는 공생활을 시작하시지요. 그리고 골고타에서 십자가에 못 박혀 돌아가심으로써 구원 사업을 완성하셨습니다. 그분은 이 세상 모든 것을 사랑하셨고, 지구를 당신 집으로 삼으셨지요. 산뿐만 아니라 물도 좋아하셨고요. 혼자 산에 올라 기도하기를 즐기셨고, 당신 기쁜 소식의 정수인 '산상 설교'도 산에서 선포하셨지요. 산에서 거룩한 변모를 보여 주셨으며, 산에서 제자들에게 이별을 고하시고 승천하시어 아버지 집으로 돌아가셨습니다.

그분은 갈릴래아 호숫가를 즐겨 거니셨고, 거기서 제자들을 부르셨으며, 말씀을 선포하시고 기적을 베푸셨습니다. 여러 차례 호수를 가로지르시며 고요한 물결과 평온한 바람을 즐기셨지요. 호수의 푸른 물과 파란 하늘이 서로를 비출 때 드러나는 우아함과 아름다움을 감상하는 것을 좋아하셨답니다. 그분은 광풍과 성난 파도의 위력도 알고 계셨습니다. 산과 물은 그분 삶의 즐거움이었으며, 인류와 사랑을 나누는 데 중요한 매개체가 되었답니다.

요컨대, 세상에는 산과 물이 반드시 필요합니다. 우리 주변과 마음에는 산이 솟고 물이 흘러야 합니다. 동動과 정靜은 둘 다 중요하지요. 변하지 않는 것도 있어야 하지만 변화는 반드시 필요합니다. 어진 덕도 필요하고 지혜로움도 반드시 필요합니다.

23

음식

"**백성에게는** 음식이 곧 하늘이다."
"먹을 것이 있고 나서 영예도 있고 치욕도 있다."

중국 전통문화에 뿌리 깊게 자리하고 있는 의식입니다. 그렇다고 해서 먹고 마시는 것을 중시하는 문화가 중국만의 것은 아닙니다. 성경에서도 먹고 마시는 일은 매우 중요한 위치를 차지하고 있지요. '빵'과 '술', 이 둘은 성경에 사백 번 이상 등장합니다.

창세기에는 하느님께서 인간에게 주신 금령 제1호인 "따 먹으면 안 된다"(창세 2,17)라는 말씀이 나옵니다. 반면 예수님은 최후 만찬 때 제자들에게 "받아 먹어라"(마태

26,26) 하고 말씀하시지요. 원조에게는 금하셨는데 제자들에게는 권하고 계시네요.

그 열매를 따 먹는 날, 너는 반드시 죽을 것이다(창세 2,17).

그러나 내 살을 먹고 내 피를 마시는 사람은 영원한 생명을 얻고, 나도 마지막 날에 그를 다시 살릴 것이다(요한 6,54).

먹는다는 행위에는 천지 음양, 죽음과 구원이 포함되어 있습니다. 예수님께서는 이 세상에 계실 때 다른 이들을 먹이는 데 깊은 관심을 보이심으로써 당신의 사랑을 드러내시지요.

그분이 회당장 야이로의 딸을 죽음에서 되살려 내시자 지켜보던 사람들은 모두 정신 나간 듯 얼떨떨해 어찌할 바를 몰라 했습니다. 그때 예수님은 아이에게 먹을 것을 가져다주라고 세심히 지시하시지요(루카 8,49-56 참조).

군중들이 사흘 동안이나 당신을 따라다닌 것을 아신 그분은 제자들에게 말씀하십니다.

저 군중이 가엾구나. 벌써 사흘 동안이나 내 곁에 머물렀는데 먹을 것이 없으니 말이다. 내가 저들을 굶겨서 집으로 돌려보내면 길에서 쓰러질 것이다. 더구나 저들 가운데에는 먼 데서 온 사람들도 있다(마르 8,2-3).

그러고는 빵과 물고기의 기적으로 사천 명 넘는 사람들을 배부르게 먹이시지요. 예수님은 부활하신 뒤에도 여전한 첫마음과 관심으로 제자들을 보살피시고, 그들의 필요까지 세심히 염려하셨습니다. 갈릴래아 호숫가에서 제자들에게 나타나셨을 때 그들은 침울해 있었지요. 스승이요 주님이시며 중심축이자 생명과도 같은 그분을 잃은 데다가, 밤새 고기를 한 마리도 잡지 못했으니까요. 피로와 배고픔까지 겹쳐 그들의 마음은 의기소침해질 수밖에 없었습니다. 이런 가운데 뜻밖에도 예수님께서 가까이 다가오시며 다정하게 말을 건네시는 게 아니겠습니까?

애들아, 무얼 좀 잡았느냐?(요한 21,5).

애들아, 고기 좀 잡아서 먹었느냐?(중문 성서본).

마치 우리가 친구나 친한 이웃을 만나면 "밥 먹었니?" "진지 잡수셨습니까?" 하며 서로의 안부를 묻는 것과 비슷합니다. 평범한 말이지만 그 안에는 다정다감함과 깊은 인정이 담겨 있지요.

사실 하느님은 현실 감각이 뛰어나 세상 물정을 잘 아시는 분이십니다. 영적 은혜를 베푸시는 것은 물론, 살아가는 데 필수적인 먹고 마시는 욕구도 세심히 살펴 주시지요. 그분은 사람을 창조하셨을 뿐만 아니라 양육하시고 일용할 양식을 주시면서, 풍족하게 먹이고 입히셨습니다.
이것이야말로 그분 사랑의 가장 직접적인 표현이며, 우리
가 쉽게 체험하고 감사드릴 수 있는 은혜이지요. 시편 저
자는 만물 하나하나를 보살펴 주시는 창조주 하느님의 은
혜에 대해 이렇게 찬미하고 있습니다.

> 당신의 거처에서 산에 물을 대시니
>
> 당신께서 내신 열매로 땅이 배부릅니다.
>
> 가축들을 위하여 풀이 나게 하시고
>
> 사람들이 가꾸도록 나물을 돋게 하시어
>
> 땅에서 빵을,
>
> 인간의 마음을 즐겁게 하는 술을 얻게 하시고
>
> 기름으로 얼굴을 윤기나게 하십니다.
>
> 또 인간의 마음에 생기를 돋우는 빵을 주십니다
>
> (시편 104,13-15).

이스라엘 백성들이 이집트를 탈출하여 약속의 땅을 향하
면서 광야를 지날 때, 하느님께서는 만나를 내려주시고
바위에서 맑은 물을 솟게 하시어 그들의 허기와 갈증을
채워 주셨지요. 그들 여정의 목적지는 "젖과 꿀이 흐르는
땅"(탈출 3,17)이었습니다.

> 주 너희 하느님께서는 너희를 좋은 땅으로 데리고 가신다.

그곳은 물이 흐르는 시내와 샘이 있고, 골짜기와 산에서는 지하수가 솟아나오는 땅이다. 또 밀과 보리와 포도주와 무화과와 석류가 나는 땅이며, 올리브 기름과 꿀이 나는 땅이다. 그곳은 너희가 모자람 없이 양식을 먹을 수 있고, 아쉬울 것이 하나도 없는 땅이며 … 너희는 배불리 먹고, 주 너희 하느님께서 너희에게 주신 좋은 땅 때문에 그분을 찬미하게 될 것이다(신명 8,7-10).

하느님께 감사를 올리는 가장 자연스러운 방식 또한 음식을 봉헌하는 것입니다. 하느님께서 내려주신 것들 가운데 사람에게 가장 소중하고 필요한 음식을 다시 바치는 것이지요. 이스라엘 전통에는 여러 형태의 제사가 있지만 봉헌하는 것은 대부분 먹을 것들, 즉 송아지, 양, 기름, 술, 보리, 과일, 빵 등이었습니다. 오늘에 이르러서도 마찬가지입니다. 우리는 미사 중에 여전히 빵과 포도주를 봉헌함으로써 하느님께 대한 감사의 마음을 표현하지요. 봉헌예식 때 주례자는 이렇게 읊습니다.

온 누리의 주 하느님, 찬미받으소서. 주님의 너그러우신 은혜로 저희가 땅을 일구어 얻은 이 빵(포도를 가꾸어 얻은 이 술)을 주님께 바치오니 생명의 양식이 되게 하소서.

음식은 하느님과 사람의 관계에 있어서 은혜에 감사하고

정과 사랑을 주고받는 가장 힘 있는 언어입니다. 예수님
께서 왜 빵과 포도주를 택하시어 우리 가운데 길이 머물
고자 하셨는지, 왜 하필 먹고 마심을 통해 우리로 하여금
당신 생명을 누리게 하셨는지를 깨닫는 것은 그리 어려운
일이 아닙니다.

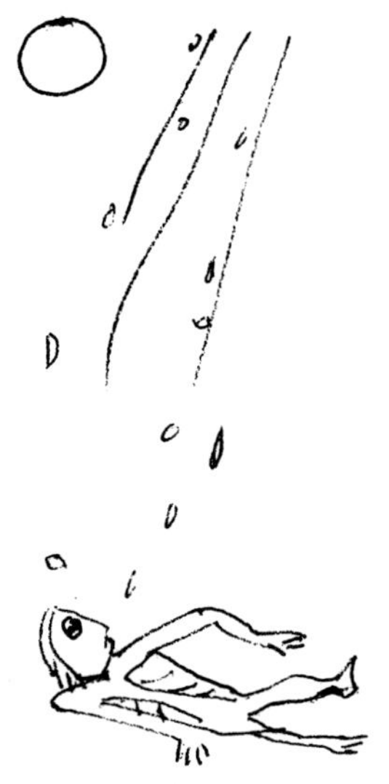

24

일용할 양식

오늘 저희에게 일용할 양식을 주시고 ….

예수님께서는 우리에게 일상생활에서 필요한 것을 아버지께 청하라고 가르치셨지요. 위의 기도문을 문법적으로 보면, 약간 중복된 감이 있습니다. '일용할 양식'이란 이미 '매일의' 혹은 '오늘의' 양식을 말하고 있는데, 구태여 '오늘'이라는 부사를 앞에 덧붙였으니 말이지요. 그러나 자세히 살펴보면 이는 우연한 것이 아니며, 그 안에 매우 중요한 의미가 담겨 있음을 발견하게 될 것입니다.

예수님께서는 오늘 하루와 현재를 성실히 살아가도록 힘을 다하라고 거듭하여 권고하신 바 있습니다. '산상 설교'에서 그분은 깊은 애정을 담아 간곡히 말씀하시지요.

> 그러므로 내가 너희에게 말한다. 목숨을 부지하려고 무엇을 먹을까, 무엇을 마실까, 또 몸을 보호하려고 무엇을 입을까 걱정하지 마라. … 하늘의 새들을 눈여겨보아라. 그것들은 씨를 뿌리지도 않고 거두지도 않을 뿐만 아니라 곳간에 모아들이지도 않는다. 그러나 하늘의 너희 아버지께서는 그것들을 먹여 주신다. 너희는 그것들보다 더 귀하지 않으냐? 너희 가운데 누가 걱정한다고 해서 자기 수명을 조금이라도 늘릴 수 있느냐? … 오늘 서 있다가도 내일이면 아궁이에 던져질 들풀까지 하느님께서 이처럼 입히시거든, 너희야 훨씬 더 잘 입히시지 않겠느냐? … 너희는 먼저 하느님의 나라와 그분의 의로움을 찾아라. 그러면 이 모든 것도 곁들여 받게 될 것이다. 그러므로 내일을 걱정하지 마라. 내일 걱정은 내일이 할 것이다. 그날 고생은 그날로 충분하다(마태 6,25-34).

구약의 하느님도 결코 귀찮은 기색 없이 이스라엘 백성들에게 당신의 자비로운 사랑과 전능에 의지하고 신뢰하라고 누누이 권고하셨지요. 그분은 어떠한 곤란과 역경에도 모든 것을 마련해 주십니다. "야훼 이레"(창세 22,14)라고나 할까요? 배는 다리 어귀에 다다르면 자연히 곧게 가는 법입니다. 그분께서 모든 것을 맡아 다스리고 계시니까요.

이스라엘 백성이 가나안 땅에 이르기 위해 산 넘고 물 건너 고단한 광야의 길을 가던 중 식량이 떨어집니다. 그들이 원망과 불평을 늘어놓자 하느님께서는 서리처럼 잔 알갱이를 하늘에서 내려주셨는데, 그 색은 마치 고수풀 씨처럼 하얗고 맛은 꿀 섞은 과자 같았습니다. 그들은 "이게 무엇이냐?" 하고 서로 물으며 '만나'라 불렀지요. 그리고 오묘한 방법으로 양식을 내려주신 하느님의 경이로움에 감사와 찬미를 올렸습니다. 모세는 하느님의 뜻에 따라 만나를 그날 먹을 만큼씩만 거두어들이라고 당부합니다. 그러나 몇몇 사람이 욕심과 걱정에 필요 이상으로 거두어들이자, 다음 날 아침에 만나는 이미 구더기가 꾀고 고약한 냄새를 풍기게 되지요(탈출 16,13-21 참조).

하느님께서는 당신 자녀들을 위해 그날그날 필요한 것들을 세심히 마련해 놓기를 즐겨 하심이 분명합니다. 이는 시편 저자가 말하는 바와 같지요.

> 이 모든 것들이 당신께 바랍니다,
> 제때에 먹이를 주시기를.
> 당신께서 그들에게 주시면 그들은 모아들이고
> 당신 손을 벌리시면 그들은 좋은 것으로 배불립니다
> (시편 104,27-28).

부모가 자녀를 사랑으로 돌보는 것을 생각해 보면 분명해

집니다. 부모는 자녀에게 돈이나 음식을 한꺼번에 많이 주지 않습니다. 아직은 어려서 스스로 판단하거나 생계를 꾸려 나가지 못하기 때문이지요. 자녀에게 필요한 것이 무엇인지 늘 주의를 기울여 살피다가 그때그때 꼭 필요한 만큼만 제공합니다. 부모에게는 기쁨이며 자녀에게는 축복이라 할 수 있겠지요.

우리는 자주 하느님 아버지께 '오늘 저희에게 일용할 양식을' 주시도록 간청해야 합니다. 아버지께서는 "시끄

럽다, 수다 그만 떨어라” 하지 않으시고 오히려 매우 기
뻐하실 겁니다. 예수님께서도 친히 우리에게 그렇게 기도
하라고 가르쳐 주셨으니까요. 예수님이야말로, 하느님 아
버지의 환심을 사기 위해서 우리가 어떻게 해야 하는지를
가장 잘 알고 계시는 분 아닌가요?

25

자라나는 씨

맹자는 공손추公孫丑에게 알묘조장揠苗助長(곡식의 고갱이를 뽑아 올리다)의 비유를 들어 어떻게 호연지기浩然之氣를 길러야 하는지를 설명합니다.

송나라 사람 중에 자기가 심은 곡식 묘가 잘 자라지 않는 것을 안타깝게 여겨 묘를 뽑아 올린 사람이 있었다네. 그는 집으로 돌아가 식구들에게 "오늘은 몹시 피곤하구나. 싹이 자라나는 것을 도와주었거든" 하고 말했다네. 그의 아들이 뛰어가 보았더니 싹은 이미 말라 버렸다고 하더군(「孟子」「公孫丑」).

맹자는 천하에 이런 부류의 사람이 많음을 개탄하였습니다. 그들은 스스로를 총명하다 여기지만 자연의 법칙을 제대로 알지 못하지요. 그렇기에 제멋대로 싹을 뽑아 올리고 결국 말라죽게 한 것입니다.

이 알묘조장 이야기는 매우 간결하고 의미심장하며 핵심을 정확하게 표현해 주는 적절한 비유입니다.

예수님 말씀 가운데도 절묘하고 적절한 비유가 있는데, 맹자의 알묘조장과는 대비를 이룬다고 볼 수 있습니다. 복음사가 마르코가 단독으로 기재한 '저절로 자라는 씨앗의 비유'가 바로 그것이지요.

> 하느님의 나라는 이와 같다. 어떤 사람이 땅에 씨를 뿌려 놓으면, 밤에 자고 낮에 일어나고 하는 사이에 씨는 싹이 터서 자라는데, 그 사람은 어떻게 그리되는지 모른다. 땅이 저절로 열매를 맺게 하는데, 처음에는 줄기가, 다음에는 이삭이 나오고 그다음에는 이삭에 낟알이 영근다. 곡식이 익으면 그 사람은 곧 낫을 댄다. 수확 때가 되었기 때문이다(마르 4,26-29).

앞의 송나라 사람과는 정반대지요? 이 사람은 씨를 뿌리고 나서 초조해하거나 갈팡질팡 어찌할 바 몰라 하지 않습니다. 송나라 사람처럼 잔재주를 피우려다 일을 망치는 바보 같은 행동을 하지 않지요. 침착하고 태연하며, 자유롭고 여유 있는 모습입니다. 그의 무위는 나태 혹은 무관심과는 전혀 다릅니다. 그는 씨앗의 잠재력을 믿었으며, 자기는 생명의 주재자가 아님을 알고 있었습니다. 전력을 다해 일해야 할 때와 빈 마음으로 기다려야 할 때를 그는 알고 있었습니다. 자기 역할을 다하고 언제쯤 물러나야 할지를 아는 사람이었습니다. 더욱이 생명의 오묘함에 경탄하는 마음도 지니고 있었습니다.

그러나 사실 이 비유의 주인공은 씨 뿌리는 사람이 아니라 씨앗입니다. 예수님은 씨앗의 성장 과정을 한 단계 한 단계 섬세하게 묘사하고 계시지요. 뿌려진 씨는 싹이 트고 이삭이 패고 열매를 맺습니다. 어두운 밤에도 밝은 대낮에도 쉼이 없으며, 어떠한 간섭이나 통제도 받지 않지요.

우리의 눈길은 이따금 새싹이나 꽃망울에 머물곤 합니다. 천천히 얼굴을 내밀며 나오는 새 생명을 직접 눈으로 확인하고 싶어서지요. 그래서 자세히 들여다보지만 그것들은 좀처럼 자라는 것 같지 않습니다. 그러다가 오히려 관심과 마음을 쓰지 않는 사이에 예쁘고 싱싱하게 싹을 틔우고 꽃을 피우곤 하지요.

대자연은 언제나 그 자리에서 우리 인간이 제 도리에 충실하고 있는지 지켜보고 있습니다. 간섭하기 좋아하는 심보와 잘난 체 우쭐거리는 인간의 우매함을 비웃기라도 하듯 언제나 묵묵히 제 역할을 수행해 나가고 있지요.

생명의 오묘함을 드러내는 것 말고 하느님 나라를 설명하기 위해서도 예수님은 씨앗을 예로 드십니다. 하느님 나라가 오묘하게 확장되어 가는 모습을 사람들은 쉽사리 눈치 채지 못합니다. 예수님께서는 우리에게 하느님 나라 선포의 임무를 맡기시어 우리가 당신과 함께 일하기를 원하시지요.

하느님 나라 씨앗이 우리의 가공이나 개량을 거쳐야만 비로소 쓸모 있어지고 토양 환경에 적합해진다고 생각한다면, 착각도 이만저만 착각이 아닙니다. 완전히 잘못된 생각이지요.

하늘나라 복음이 우리가 장식하고 포장하기에 따라 사람들을 매료할 수 있다고 생각하십니까? 우리가 일관성 있게 계획하고 실천만 하면 널리 선포될 수 있다고 생각하신다고요? 그렇다면 우리는 알묘조장의 주인공보다 몇 배 더 바보 같고 어리석은 존재인 셈입니다.

26

칼을 쳐서 보습을!

"방패와 창을 쳐서 옥과 비단을 만든다."

"칼을 쳐서 보습을 만든다."

이 말인즉 전쟁을 평화로 바꾼다는 뜻입니다. 옛날부터 지금에 이르기까지 인류의 공통된 희망이기도 하지요. 우리는 모두 바랍니다. 나라와 백성이 편안하고 사회가 발전하고 번영하며, 모든 민족이 서로 화목하게 더불어 살면서 전쟁과 분란이 종식되기를 원합니다. 병기에 거액을 낭비할 필요가 없고, 정력을 소모해 가며 전술을 연구할 필요가 없는 세상을 그립니다. 사람에게 행복을 주고 삶의 질을 높이는 데에, 화합과 화해를 이루는 데에 일체의 자원과 인력을 소모하는 세상을 우리는 꿈꾸고 있습니다.

이사야서에는 이렇게 상서롭고 평화로운 분위기를 구체적이고 생동감 있게 묘사한 대목이 있습니다.

> 그분께서 민족들 사이에 재판관이 되시고
> 수많은 백성들 사이에 심판관이 되시리라.
> 그러면 그들은 칼을 쳐서 보습을 만들고
> 창을 쳐서 낫을 만들리라.
> 한 민족이 다른 민족을 거슬러 칼을 쳐들지도 않고
> 다시는 전쟁을 배워 익히지도 않으리라(이사 2,4).

이렇게 아름다운 상황이 언제쯤 현실로 이루어질 수 있을까요? 단지 꿈속에나 존재하는 유토피아나 무릉도원에 불과할 뿐일까요?

이런 희망을 품고 있으면서도 정작 우리의 실제 삶은 정반대 쪽을 향해 나아가고 있습니다. 우리는 호미와 낫과 보습을 군사용 기계로 바꾸고, 생필품을 쳐서 무기를 만듭니다. 첨단 무기를 비축하기 위하여 얼마나 많은 백성이 억압과 배고픔을 견뎌 내고 있는지 모릅니다. 무기는 날이 갈수록 정밀해지고 전략은 교묘해집니다. 엄청난 살상력의 핵무기와 극도의 정확성을 지닌 미사일도 보유하게 되지요. 우리는 음으로 양으로, 안으로 밖으로 늘 싸우고 있습니다. 냉전이 있는가 하면 열전이 있습니다. 나

라 안에는 내전이 있고, 종족·종교간 분쟁이 있습니다. 혁명과 의거가 있고 진압이 있으며, 백색 테러와 적색 테러가 있습니다. 보복 전쟁이 있는가 하면 방어 전쟁도 있습니다. 지난 세기에 우리는 두 차례에 걸쳐 '세계대전'이라는 엄청난 비극을 겪었습니다. 21세기에도 예외는 아니지요. 금세기 시작부터 지금까지 평안한 날이 없었으며, 포화가 끊이지 않았습니다.

이런 식으로 질주해 나가는 것만이 '유일한 길'은 아님을 오늘날 우리는 어슴푸레하게나마 느끼고 있습니다. 걸으면 걸을수록 그릇된 길임을 절감하면서 결국 죽음에 이르게 되겠지요.

우리는 회개하고 돌아와 구원받아야 합니다. 용기를 내어 칼을 버리고 방패와 창을 내려놓으려 합니다. 점령, 투쟁, 복수, 폭력을 향한 마음을 버리고 평화와 친선을 도모하는 방향으로 나아가려 합니다.

미약한 걸음이라 두렵기도 하군요. 모두가 마음을 모으고, 하느님께서 주신 지혜와 창의력을 통해 손을 맞잡아야겠지요. 무기를 평화의 도구로 바꾸고 선으로 악을 이겨 내야 합니다. 그때에야 비로소 우리는 세상을 떳떳이 사랑할 수 있고, 우리의 창조주이신 하느님을 사랑할 수 있을 것입니다. 생기 있고 희망찬 미래를 후대에 물려주게 될 것입니다.

복음서에 의미 있는 대목이 있습니다. 예수님께서 산에서 체포되실 때의 일이지요. 제자 가운데 하나인 유다가 예수님께 입을 맞춤으로써 그분을 팔아넘기고, 사람들이 그분을 체포하기 위해 칼과 몽둥이를 들고 살기등등하게 다가옵니다.

예수님 둘레에 있던 이들이 사태를 알아차리고, "주님, 저희가 칼로 쳐 버릴까요?" 하고 말하였다. 그들 가운데 한 사람이 대사제의 종을 쳐서 그의 오른쪽 귀를 잘라 버렸다.

그러자 예수님께서 "그만해 두어라" 하시고, 그 사람의 귀
에 손을 대어 고쳐 주셨다(루카 22,49-51).

그분은 온유와 양선함으로 살기를 덮어 버리십니다. 제자
들은 폭력으로 폭력에 맞서지만 예수님은 오히려 사랑으
로 인내하시고 어루만져 주시지요. 다른 이들이 파괴하고
상처 입히면 그분은 치료하시고 끌어안으십니다. 예수님
께서는 전쟁과 증오가 가득한 이 세상을 향해 오늘도 이
렇게 말씀하고 계십니다.

"그만해 두어라!"

27

빵이 몇 개나 있느냐?

사건은 광야에서 일어났습니다. 당시 많은 사람이 예수님께 매료되어 사흘째 계속 그분을 따라다니던 참이었지요. 이럴 때는 그저 마른 빵으로 허기나 면할 밖에 별 도리가 없습니다. 예수님께서는 그들이 배고파 쓰러지지나 않을까 하는 염려와 함께, 살뜰한 마음으로 그들을 바라보십니다. 제자들과 상의해 보아도 뾰족한 수가 없었지요. 고민을 거듭하던 제자들도 결국 예수님께 해결책을 여쭈게 됩니다.

"이 광야에서 이렇게 많은 군중을 배불리 먹일 만한 빵을 어디서 구하겠습니까?"(마태 15,33).

그런데 예수님은 웬 꿍꿍이신지 태연하게 물으시지요.

"너희에게 빵이 몇 개나 있느냐?"

"일곱 개가 있고 물고기도 조금 있습니다."

그러자 곧 주님께서는 기적을 일으키시어, 빵 일곱 개와 물고기 몇 마리를 가지고 사천 명 넘는 사람을 배불리 먹이시고는 남은 빵으로도 일곱 바구니를 가득 채워 주시지요(마태 15,32-38 참조).

그런데 그분이 굳이 제자들에게 물으신 건 왜일까요? 빵 일곱 개와 물고기 몇 마리가 꼭 필요해서였을까요?

아마 아니었을 겁니다. 하지만 그분은 그러기를 원하셨고 또 좋아하셨습니다. 한 처음 천지를 창조하실 때 하느님께서는 아무것도 없는 가운데 모든 것을 이루셨지요. 단도직입적인 명령 한 마디로 말입니다. 참으로 단순 명쾌한 일이 아닐 수 없지요.

그러나 하느님께서 당신 모습대로 사람을 지어내시고부터는, 줄곧 그들을 당신 사업에 참여케 하십니다. 사람이 끼어들 여지를 일부러 남겨 두신 거지요. 그분이 사람에게 낙원을 지키게 하시고 새와 짐승들의 이름을 지어 부르게 하신 것도 그런 까닭에서입니다(창세 2,19-20 참조). 예수님도 마찬가지이셨습니다. 빵과 물고기로 기적을 베푸실 때 굳이 제자들을 참여케 하시고, 미약하나마 스스로를 봉헌케 하십니다.

부르심을 받고 봉사할 때 혹시라도 자신이 대단한 사람이라서 하느님이 우리에게 큰 임무를 주시고 도움을 구

하신다고 착각해서는 안 됩니다. 실은 하느님께서 우리를
밀어주고 후원해 주시기 때문에 우리가 그분과 더불어 일
할 수 있고, 그 공로를 받아 기쁨을 누리는 것이지요. 제
자들이 만약 사천 명을 먹인 기적이 자기들이 내놓은 빵
일곱 개와 물고기 몇 마리 덕분이라고 생각한다면 이 얼
마나 우스운 노릇입니까?

어릴 적에 나는 부모님과 함께 미사에 참례하였습니
다. 독서나 강론 말씀을 절반이나 이해할 수 있었을까요?
그래도 봉헌 시간만 되면 신바람이 났답니다. 부모님께
받은 지폐 한 장을 손에 쥐고는 복사들이 다가올 때까지

긴장해서 기다립니다. 얼마나 꼭 쥐고 있었던지 지폐는 손안에서 뭉쳐 꼬깃꼬깃해졌고 뜨끈뜨끈 열이 났지요. 드디어 차례가 되어 그 돈을 헌금 바구니에 집어넣고 나면, 나는 대단히 큰일을 한 듯 으쓱해졌답니다. 그 만족감은 미사 마칠 때까지 지루함을 잊게 했을 뿐만 아니라, 스스로를 착하고 신통한 어린이로 여기게 해 주었지요. 생각해 보면 우습기 짝이 없는 모습이지만 오늘도 여전히 내 안에서 그 마음을 발견하게 됩니다. 애초에 내 것이 아닌 능력과 시간을 아주 조금 내놓고는 하느님을 도와 내가 큰일을 했다고 여기는 마음 말입니다. 마치 내가 잘나서 그런 양, 착각도 여전하답니다.

28

비둘기와 뱀처럼

예수님의 가르침 중에는, 말씀을 전하는 사람이 지녀야 할 정신과 태도를 동물에 빗대어 설명하신 내용이 있습니다. 그분은 세상 살아가기가 얼마나 힘에 겨운지 알고 계셨습니다. 음험하고 사악한 세력들이 호시탐탐 우리를 노리고 있다는 것도 물론 아셨고요. 이에 복음 선포 사명의 막중함과 고단함을 숨기지 않으십니다.

> 나는 이제 양들을 이리 떼 가운데로 보내는 것처럼 너희를 보낸다(마태 10,16).

때로는 사나운 이리들이 양의 모습을 하고 있지요(마태

7,15 참조). '비록 천만 명이 몰려올지라도' 굴하지 않을 용기와 강직함도 필요하지만, 세심히 경계하고 신중히 대처하는 자세가 반드시 필요합니다.

그렇다면 쉽지 않은 이 임무를 과연 어떻게 이행해야 할까요? 예수님께서는 제자들을 일깨우시는 동시에 그들이 늘 간직하고 다녀야 할 보물처럼 소중하고 지혜로운 당부를 주십니다.

그러므로 뱀처럼 슬기롭고 비둘기처럼 순박하게 되어라 (마태 10,16).

일반적으로 비둘기와 뱀을 같이 놓고 이야기하는 경우는 매우 드뭅니다. 양순함과 슬기로움을 함께 말하는 것은 조금 이치에 맞지 않으니까요. 그러나 예수님께서는 제자들이 두 가지를 모두 겸비하기를 바라셨습니다.

비둘기는 순결, 양순, 소박, 정직, 자상, 온화의 이미지를 지니고 있지요. 아가에서 비둘기는 사랑의 아름다움과 향기를 잘 드러내 주고 있습니다. 노아의 비둘기는 평화를 상징하고, 예수님께서 요르단 강에서 세례받으실 때 나타난 비둘기는 성령을 상징하지요.

뱀은 원조를 죄짓게 한 유혹자로서, 그로 인해 이 세상에 죽음이 들어왔기 때문에 악의 화신으로 여겨져 왔습니다. 그러나 동시에 생명과 치료의 상징이기도 하지요. 광야에서 뱀이 사람을 물었을 때 모세가 만든 구리 뱀을 바라본 사람들은 살아났으니까요(민수 21,4-9 참조).

오늘날도 의사와 약사들은 높이 들어 올려진 구리 뱀을 상징으로 삼고 있습니다. 예수님도 이 구리 뱀을 인용하여, 당신이 십자가에 못 박혀 돌아가심으로써 인류에게 구원을 가져다주실 것을 암시하시지요(요한 3,14-16 참조).

뱀은 움직임이 유연하고 민첩하며 신축이 자유롭습니다. 게다가 슬기롭고 예민하며 반응이 빠르지요. 어떠한 지형에도 적응하며 자유롭게 전진할 수 있습니다.

비둘기와 뱀은 분명 상이하지만 서로를 보완하는 덕성을 지니고 있는 셈입니다. 양순함과 슬기로움, 자상함과 지혜로움, 돈후함과 예민함, 정직함과 임기응변은 모두 뛰어난 대조를 이루지요.

임어당林語堂은 『나의 국토 나의 국민』에서 중국인의 덕성에 대해 이야기합니다. 그리스도의 가르침 가운데 "뱀처럼 슬기롭고 비둘기처럼 순박하게 되라"는 말씀이 중국인에게는 쉽게 받아들여졌을 거라 말하지요. 이유인즉슨 이 두 가지 덕행을 겸비하는 것이야말로 중국인이 지닌 미묘한 품성을 반영해 주기 때문이랍니다. 이 말이 사실이라면, 중국의 그리스도인들은 복음 선포에 있어서 독특한 잠재적 자질을 지니고 있음이 분명합니다.

29

시간 계산

멕시코 작가 카를로스 푸엔테스Carlos Fuentes가 어느 날 길을 가고 있었습니다. 한 농부를 만난 그는 자기가 찾아가는 마을이 얼마나 남았는지 물어보았습니다. 그러자 농부는 눈을 들어 하늘을 한 번 쳐다보고는 대답했답니다. "해 뜰 무렵 여기서부터 걷기 시작했다면 아마 지금쯤 도착했을 거리지요."

참으로 묘한 계산법 아닌가요? 몇 킬로미터라든가 몇 시간쯤 걸린다고 말하지 않고, 대자연의 리듬과 사람의 걸음을 근거로 계산하였네요. 비록 정확성은 떨어질지라도 가장 단순하고 친근한 방법임에는 분명합니다.

그리 오래 전 일도 아닙니다. 우리 선조들 대부분은 이렇게 대자연을 벗 삼아 살았으니까요. 시간과 절기, 천간 지지, 오행 운행이 법칙에 맞게 지구와 함께하고 있음을 그들은 알고 있었습니다. 창세기에 "저녁이 되고 아침이 되니 하루가 지났다"라고 쓰여 있는 것처럼, 그들은 낮과 밤을 정확하게 나누어 살았습니다(창세 1장 참조). 해가 뜨면 일을 하고 해가 지면 쉬는 식으로 말이지요. 이는 곧 시편 저자가 표현한 바와도 같은데, 모든 것은 질서 정연하게 서로 이어져 있는 모습입니다.

> 그분께서 시간을 정하도록 달을 만드시고
> 제가 질 곳을 아는 해를 만드셨네.
> 당신께서 어둠을 드리우시면 밤이 되어
> 숲의 온갖 짐승들이 우글거립니다. …
> 해가 뜨면 물러나서
> 제 보금자리로 들어가고
> 사람은 일하러,
> 저녁까지 노동하러 나옵니다(시편 104,19-23).

오늘날 사람들은 이런 질서에 싫증을 내기도 합니다. 틀에 박힌 듯 무료하고 느리게만 느껴지니까요. 자극적이지도 않고요. 그래서 자꾸만 변하려 하는데, 왠지 엉망이 되어 가는 느낌입니다. 시작과 성공 사이에 반드시 필요한 인내심이 없고 노력을 기울이려 하지 않지요. 그러면서도

그저 초고속, 일 등 따위를 제일로 여깁니다. 그래서 우리는 패스트푸드, 즉석 조리 음식, 즉석 촬영, 빠른 우편, 고속철도, 고속도로, 초음속 비행기, 초고속 컴퓨터 등을 발명했지요. 학원에는 속성반이 있고, 각종 증명서를 즉석에서 발급받을 수 있으며, 혼인도 신고만 하면 그 자리에서 성사됩니다.

그러나 이 모든 현상이 대자연에게는 별 영향을 주지 못하는 것 같습니다. 지구는 오랫동안 해 오던 대로 여전히 태양을 돌고, 달은 주기에 따라 차고 기울지요. 낮과 밤은 한결같이 교대로 임무를 수행하고, 사계절은 봄·여름·가을·겨울이 언제나처럼 반복되고 있습니다. 하느님께서도 이 순환의 대열에 함께하고 계시는 듯합니다. 세상이 생긴 이래, 한결같은 마음으로 당신 자녀들을 매일매일 보살피고 계시니까요.

30

서고

오랫동안 정리하지 않았거나 좀처럼 이용하지 않는 서고에 들어서면 이상야릇한 느낌이 들지 않나요? 마치 공동묘지에 들어선 느낌이라고나 할까요. 어렴풋이 스며 나오는 곰팡이 냄새, 뽀얗게 앉은 먼지, 누렇게 색 바랜 종이들 …. 시간이나 그 무엇에도 제한받지 않는 듯한 공간입니다.

고요하고 숙연한 속에 책들이 있군요. 어떤 책은 누워 있고 어떤 책은 세워져 있으며, 비스듬히 기대어 있는 책도 있습니다. 엎어져 있거나 거꾸로 놓인 것, 높이 올려놓은 것, 그냥 바닥에 쌓아 둔 것들도 있네요.

두꺼운 책, 얇은 책, 무거운 책, 가벼운 책, 빳빳한 책,

부드러운 책, 넓은 책, 긴 책, 좁은 책, 네모난 책, 양장본, 인쇄본, 수사본 … 게다가 책 표지도 각양각색입니다.

책마다 표지에는 제목과 저자, 출판사가 기재되어 있습니다. 안쪽에는 저자의 사진이나 간략한 소개가 들어 있기도 하지요. 책의 서문이나 추천사는 저자에 대한 다른 이들의 찬사로 대신하기도 합니다.

결론으로 말하면, 신간이건 구간이건, 크건 작건 간에 모든 책에는 저자의 약력과 업적이 기록되어 있습니다. 그의 인격이나 지혜, 이상, 몽상, 인생관, 세계관도 은연중에 드러나곤 하지요. 공동묘지 역시 이와 비슷합니다. 각각의 묘비에는 죽은 이의 이름, 출생일, 사망일이 새겨져 있고, 간혹 족보나 명함을 새겨 놓거나 사진을 붙이기도 합니다. 어떤 묘비에는 그 주인의 삶과 사랑 이야기, 세상에 공헌한 내용이 적혀 있기도 하지요. 그러나 이 모두는 과거일 뿐입니다. 다시 연장할 수도, 반복할 수도 없지요.

그런데 이와 반대로 서고는 희망과 기대로 가득한 분위기입니다. 저자가 자기 사상을 책에 묻어 두는 것은, 언젠가 독자 안에서 부활하기를 바라기 때문이거든요.

"나를 읽어 주세요!"

책들은 소리 없이 외치고 있습니다. 저마다 매력과 유혹을 발산하면서도 행패를 부리거나 강요하지는 않지요. 그저 언젠가 세상에 드러나 읽혀지기를 간절히 희망하며 묵묵히 기다릴 따름입니다. 그때가 언제가 되건 독자가 누구건 간에 책은 조금도 개의치 않습니다. 언제라도 독자를 위해 자신을 보여 주고 또 내어 주고 싶을 뿐이지요.

책 속에는 침울한 죽음과 유쾌한 삶이 공존합니다. 백마 탄 왕자가 잠자는 공주에게 입 맞추고, 독자와 저자가 삶을 교류하며, 무릎을 치고 극구 감탄하기도 합니다. '대들보를 삼 일간 휘감아 도는' 은근한 감미로움, 만남과 헤어짐의 절절한 아쉬움을 우리는 책에서 만나게 됩니다.

사실, 이런 면에서 본다면 성경과 여타 서적은 크게 다를 바 없습니다. 거룩한 말씀 역시 책으로 만들어지는 것이 당연하지요. 문자로 기록된 그 말씀은 삶 속에 다양한 모습으로 부활하여, 모든 세대와 문화의 독자들에게 생명의 말씀을 전달하게 되는 것입니다.

성경이 서가나 도서관의 한 자리를 차지하고만 있다고 칩시다. 정교하게 인쇄되고 그럴듯하게 포장되어 좋은 자리에 놓여 있을 뿐 아무런 생명력이 없습니다. 거룩한 말씀의 책이 전례 때만 필요하다면, 설령 그것이 공경을 받으며 손에 높이 들려 옮겨지고 입맞춤과 절과 분향을 받는다 하더라도, 결코 교회를 키우는 생명이 될 수는 없는 것입니다. 그러나 그 말씀을 읽고, 경청하고, 묵상하고, 선포하고, 깊이 음미한다면 그 의미는 달라집니다. 즉, 하느님의 말씀은 교우들의 생명에 맞닿아 불꽃을 피우고 활력을 일으키는 것이지요.

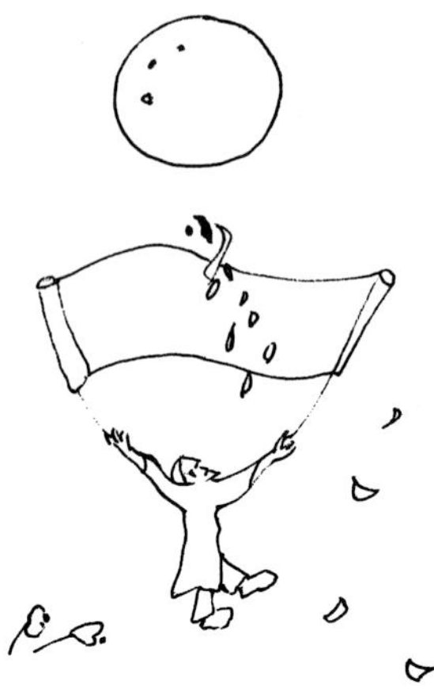

루카 복음서를 보면, 예수님은 공생활을 시작하시면서 나자렛 회당의 전례에 참여하십니다. 어떤 사람이 그분께 성경을 읽어 주시기를 청하자, 그분은 예언서 두루마리를 받아 들고 이사야 예언자가 예언한 대목을 펼쳐 읽으시지요. 그리고 두루마리를 말아 되돌려 주시고는 회중을 향해 말씀하십니다.

> 오늘 이 성경 말씀이 너희가 듣는 가운데에서 이루어졌다
> (루카 4,21).

예수님께서 낭독하시고 회중이 경청함으로써, 두루마리 안에 묻혀 있던 하느님 말씀이 오늘 이 자리에서 '부활'한 것이지요.

31

벙어리 개

개는 일반적으로 '인류의 충직한 벗'으로 여겨지고 있습니다. 그래서 애완동물 가운데 사람들로부터 가장 많은 사랑을 받고 있지요. 토빗기를 보면, 토비야의 개가 등장합니다. 천사 라파엘이 토비야와 함께 먼 길을 갈 때, 개는 가는 곳마다 그들을 보호하며 인도하지요. 토비야의 개 역시 매우 충직하여 작은 주인 토비야를 잘 따르며 주인과 동고동락했던 것입니다(토빗 6,2; 11,4 참조).

그러나 이 부분을 제외하고 전체적으로 볼 때, 개는 그다지 긍정적으로 그려지지 않습니다. 오히려 나쁜 사람을 빗대는 데 등장하곤 하지요(참조: 필리 3,2; 2베드 2,22; 묵시 22,15).

이사야서에도 역설적인 비유로 개가 등장합니다. 신랄한 해학이라고나 할까요? 하느님께서는 이스라엘의 어리석은 지도자들을 짖지 못하는 벙어리 개에 비유하십니다. 벙어리 개처럼 아무 재능도 없이 그저 먹고 마시고 노는 데 마음을 쓰며 한심하게 잠이나 자는 그들을 풍자하며 질책하시지요.

들짐승들아, 숲의 짐승들아
모두 와서 잡아먹어라.
그의 파수꾼들은 모두 눈이 먼 자들
아무것도 모르는 자들.
모두 벙어리 개들
짖지도 못하는 것들.
드러누워 꿈이나 꾸고
졸기나 좋아하는 자들이다.
게걸스러운 개들
그들은 만족할 줄 모른다.
목자라는 자들이
알아듣지도 못한다.
모두 제 길만 좇아가고
저마다 예외 없이 제 이익만 좇아간다(이사 56,9-11).

앞 못 보는 사람, 짖지 못하는 개, 게걸스러운 개, 제 이익

만 챙기는 목자 등의 표현에서 볼 수 있듯이, 성경은 권력을 독점하면서 온갖 죄악을 저지르는 부패한 지도자에 대해 털끝만큼도 예의를 갖추지 않습니다.

에제키엘 예언자가 목자에 대해 견책하고 있는 장면도 앞의 이사야서와 어울려 흥미를 더해 주고 있지요.

불행하여라, 자기들만 먹는 이스라엘의 목자들! 양 떼를 먹이는 것이 목자가 아니냐? 그런데 너희는 젖을 짜 먹고 양털로 옷을 해 입으며 살진 놈을 잡아먹으면서, 양 떼는 먹이지 않는다(에제 34,2-3).

사실 양들을 착취하여 제 이익만 돌보는 목자가 벙어리 개나 게걸스레 탐식하는 개보다 더 무서운 법입니다.

중국 고서 중에도 우매하고 부패한 권력자를 성토하는 글이 적지 않게 있습니다. 진나라 혜제惠帝는 천성이 어리석고 멍청하여, 그저 자고 먹기만 하는 백치나 다를 바 없었답니다. 그래서 천하는 황폐하고 몹시 어지러웠으며, 백성들은 먹을 양식조차 없어 굶어 죽는 사람이 태반이었지요. 그러자 아둔한 황제는 오히려 이렇게 되물었다 합니다. "먹을 것이 없으면 고기죽을 먹으면 되지 않느냐?" (『晉書』「惠帝紀」).

어리석은 군주는 늘 있어 왔습니다. 자기 이익만 챙기며 아랫사람을 돌보지 않는 지도자도 예나 지금이나 마찬가지로 존재하지요. 권력과 지위로 머리가 혼미해진 그들의 최후 역시 예나 지금이나 다르지 않으리라는 것을 여러분도 아시지요?

32

들보와 티

송나라 시인으로 원채袁采라는 사람이 있었습니다. 그는 심지가 곧고 강직하며 청렴결백한 관리였을 뿐만 아니라 덕과 재능을 겸비한 문인이기도 했지요. 그는 『원씨 세범』袁氏世範이라는 책을 썼는데, 거기에 이런 대목이 있습니다.

사람의 성품이나 행동에는 비록 단점이 있다 하지만 필히 장점도 있다. 사람이 서로 교제할 때, 항상 단점만 보고 장점을 보지 않는다면 그들은 단 한시도 함께 지낼 수 없을 것이다. 그러나 항상 장점을 생각하고 단점을 돌아보지 않는다면 죽을 때까지 서로 교제하며 지낼 수 있을 것이다.

우의가 두텁지 못하거나, 혼인이 오래가지 못하거나, 가정에 온화함이 없거나, 단체가 화합하지 못하는 것은 사람과 사람 사이에 격려나 칭찬, 존중이 부족하기 때문이요, 양선하고 자비로운 마음이 부족한 까닭이며, "모든 것을 덮어 주는"(1코린 13,7) 사랑의 마음이 부족하기 때문입니다.

예수님께서는 산상 설교에서도 인간관계에 대해 언급하신 바 있습니다. 그분은 늘 제자들에게 당부하시기를, 다른 사람을 판단하는 데 성급하지 말 것과 덤벙대며 경솔하게 남의 허물을 들추어 자신의 청렴과 고상함을 뽐내지 말라 하셨습니다. 그분은 친근하고 풍자적인 비유 하나를 들어 주십니다.

> 너는 어찌하여 형제의 눈 속에 있는 티는 보면서, 네 눈 속에 있는 들보는 깨닫지 못하느냐? 네 눈 속에는 들보가 있는데, 어떻게 형제에게 "가만, 네 눈에서 티를 빼내 주겠다" 하고 말할 수 있느냐? 위선자야, 먼저 네 눈에서 들보를 빼내어라. 그래야 네가 뚜렷이 보고 형제의 눈에서 티를 빼낼 수 있을 것이다(마태 7,3-5).

들보와 티! 둘의 차이는 너무도 극명해 실로 비교할 수 없을 정도입니다. 그러나 눈 속에 들보가 들어 있는 사람은 자신의 결점은 깨닫지 못하면서 다른 사람의 눈 속에 있는 티를 트집 잡습니다. 참으로 가소롭고 서글픈 일이 아닐 수 없지요. 그렇다고 완전히 터무니없고 황당무계한 일만도 아닌 것이, 누구나 한 번쯤은 겪어 보았을 상황이기 때문입니다.

우리는 종종 스스로에게는 상당히 관대하면서, 남에게는 엄격해지곤 합니다. 다른 이의 나쁜 버릇에 대해서는 가차없으면서, 자기 잘못에 대해서는 사사오입을 적용하면서까지 너그러워지지요. 남의 행동에 대해서는 냉정하고 까다롭게 평가하지만, 자기에 대해서는 변명과 핑계가 무궁무진합니다.

들보와 티의 비유는 우리의 판단이라는 것이 얼마나 형편없고 유치하며 이치에 어긋나는지를 일깨워 주지요. 많은 경우, 우리는 이중 잣대라는 함정에 걸려들어 있다는 사실을 인식하지 못합니다.

다른 사람이 놀고 있으면 경솔하고 방탕한 것이고
내가 하면 활발하고 명랑한 것이다.

다른 사람이 돈을 쓰면 사치스럽게 낭비하는 것이고
내가 하면 후하고 대범한 것이다.

다른 사람이 일할 때 시간이 많이 걸리는 것은 꾸물거리기
때문이고

내가 시간을 좀 더 필요로 하는 것은 조심스럽고 신중하기
때문이다.

다른 사람이 한 가지 방법만 고수하면 우둔하고 완고하며
융통성 없기 때문이고
내가 하면 의지가 확고부동하고 개성 있기 때문이다.

다른 사람이 내 친구를 싫어하는 것은 선입견이 강해서이고
내가 그의 친구를 싫어하는 것은 사람 보는 눈이 정확해서
이다.

다른 사람의 태도가 온화하면 유약하고 겁 많기 때문이고
내가 그렇다면 고상하고 우아하며 돈후하기 때문이다.

다른 사람의 행동이 부주의하면 우악스럽고 무례하다 하고
내가 그렇게 하면 사소한 데 구애받지 않기 때문이다.

다른 사람이 걱정하는 것은 소인배의 기우杞憂지만
내가 걱정하는 것은 천하를 앞서 근심하는 군자의 마음이
기 때문이다.

결론적으로 말해, 눈 속에 들보가 있다는 것은 우리가 상
황을 정확히 바라보지 못하고 판단하지 못함을 의미합니

다. 다른 사람이 곱게 보이지 않을 때는 바로 내 눈 속의 들보가 장난을 치고 있기 때문이랍니다. 내 눈 속의 들보는 때때로 다른 사람을 눈엣가시로 여기도록 부추기거나 그들을 혐오하고 적대시하게 만들지요.

그렇다면 이 들보를 어떻게 제거할 수 있을까요? 예수님의 묘방은 간단합니다.

나는 마음이 온유하고 겸손하니 내 멍에를 메고 나에게 배워라(마태 11,29).

자기 마음 안에 온유함이 있어야만 비로소 다른 사람의

아름다움과 장점을 느낄 수 있습니다. 자기 안에 거리낌이 없어야 비로소 다른 사람의 진실을 느낄 수 있고, 스스로 산골짜기처럼 겸허해야 비로소 다른 사람에게서 배울 점이 많음을 깨닫게 되는 것이지요.

> 세 사람이 걸으면 그중에는 필히 내 스승이 있느니라
>
> 三人行, 必有我師焉(『論語』「述而」).

내 마음에 사랑이 있어야만 비로소 사람들 사이에 정이 있음을 깨닫게 됩니다. 내가 용서받음을 느낄 때 다른 사람을 쉽게 용서할 수 있습니다. 하느님께서는 내 눈 속의 들보도 이미 용서하셨는데, 다른 사람의 티끌이야 나도 용서할 수 있지 않을까요?

33

질과 양

숫자가 발명되기 전, 선조들은 새끼로 매듭을 지어 수량을 기록하곤 했습니다. 아기가 옹알이하며 말을 배울 때 보면, "하나, 둘, 셋 …"은 비교적 빨리 배우는 편이지요. 사람이나 물건이 무리 지어 있을 때 우리는 언뜻 보고도 그 수를 어림짐작해 냅니다. 이는 곧 수량이 질보다 더 쉽게 파악됨을 의미하는 것이겠지요.

그런데 질과 양이 늘 정비례하는 것은 아닙니다. 양이 많다고 하여 질까지 우수하리라는 법은 없으니까요. 어떤 때는 완전히 반대이기도 합니다. 양이 적으면 적을수록 더 정밀해지거나, 드물면 드물수록 진귀해지는 경우가 있지요. 많이 팔린다고 해서 무조건 좋은 상품이라고 단정

할 수 없으며, 어떤 영화가 흥행하거나 텔레비전 프로그램의 시청률이 높다고 해서 반드시 뛰어난 작품은 아니듯이 말이지요.

많은 사람의 의견이라고 해서 진실하고 정확하란 법도 없습니다. 양을 측정하고 질을 판단하기까지 이성적·객관적 분석과 지혜로운 깨달음 그리고 영성적 통달의 과정 등을 거쳐야 합니다. 즉, 밖에서 안으로, 무에서 전체로, 얕은 데서 깊은 데로, 점에서 선으로, 표층에서 심층으로, 가시적 현상에서 불가시적 의의로, 하드웨어에서 소프트웨어로 … 모두 이 과정을 거치는 것이지요.

예수님께서는 표피적인 발견에서 깊은 성찰로 나아가지 못하는 제자들의 아둔함을 질책하십니다. 어느 날, 그분은 바리사이파 사람들과 한바탕 토론하시고는 폐쇄적이고 오만한 그들의 마음에 개탄을 금치 못하시지요. 유감스러운 마음으로 제자들에게 돌아오신 후 그분은 경고하십니다.

> 너희는 주의하여라. 바리사이들의 누룩과 헤로데의 누룩을 조심하여라(마르 8,15).

누룩은 적은 양으로 큰 효력을 냅니다. 그것이 일단 빵 반죽에 들어가기만 하면 서서히 성질을 변화시키지요. 사악함 또한 그런 식으로 우리 삶에 서서히 침투하는 것입니다. 데데하고 근기가 얕고 남의 장단에 춤추는 줏대 없는 사람들은 악에 쉽게 물들고 말지요.

그렇게 간절히 당부하셨건만, 당신 제자들이 전혀 깨닫지 못하고 털끝만큼도 감사히 여기지 않으리라는 것을 주님께서는 알고 계셨을까요? 그들의 마음은 이미 먼 곳에 가 있었습니다. 현실적인 걱정을 하느라 한가하게 삶이나 철학을 탐구할 여력이 없었던 거지요.

당시 그들은 배를 타고 갈릴래아 호수를 건너가고 있었습니다. 총총히 배를 타느라 "제자들이 빵을 가져오는 것을 잊어버려, 그들이 가진 빵이 배 안에는 한 개밖에 없

었"지요(마르 8,14). 예수님께서 누룩에 대해 언급하시자 그들은 가장 절실한 문제를 자연스레 연상했을 것입니다. 누룩에서 빵을 연상하고, 빵을 가져오지 않았으니 굶겠구나 싶었겠지요. 의견도 제각각 분분합니다. 서로 원망하고 질책하며 허기를 면할 궁리만 합니다. 배 안은 웅성거리기 시작하고, 예수님의 충고 따위는 아랑곳하지 않게 됩니다.

예수님은 모든 것을 꿰뚫어 보셨고, 가르치시는 방법 또한 확실하고 오묘했습니다. 그분은 바로 지적하시기보다는 연관 있는 문제를 통해 스스로 깨닫고 느끼도록 이끄셨지요.

예수님께서는 그것을 아시고 그들에게 말씀하셨다. "너희는 어찌하여 빵이 없다고 수군거리느냐? 아직도 이해하지 못하고 깨닫지 못하느냐? 너희 마음이 그렇게도 완고하냐? 너희는 눈이 있어도 보지 못하고 귀가 있어도 듣지 못하느냐? 너희는 기억하지 못하느냐? 내가 빵 다섯 개를 오천 명에게 떼어 주었을 때, 빵 조각을 몇 광주리나 가득 거두었느냐?" 그들이 "열둘입니다" 하고 대답하였다. "빵 일곱 개를 사천 명에게 떼어 주었을 때에는, 빵 조각을 몇 바구니나 가득 거두었느냐?" 그들이 "일곱입니다" 하고 대답하자, 예수님께서 그들에게 "너희는 아직도 깨닫지 못하느냐?" 하고 말씀하셨다(마르 8,17-21).

제자들은 수와 셈에 밝은 사람들이었습니다. 빵 다섯 개로 오천 명이 먹고도 열두 광주리가 남았다는 것, 일곱 개의 빵으로 사천 명이 먹고도 일곱 광주리가 남았다는 것을 정확히 파악하고 있었으니까요. 수량 파악도 잘했고 대답도 주저 없이 명쾌했습니다.

그러나 위의 내용에서 예수님께서 원하신 답을 제자들은 끝내 찾아내지 못합니다. 그분은 질책하거나 엄격한 어투를 사용하지는 않으셨습니다. 비록 완곡하게 표현하셨지만 어찌 마음 한구석 언짢음과 안타까움이 없으셨을까요! 구체적인 수량을 보고도 기적의 의미를 읽을 수 없는 그들인데, 그 안에 담긴 그분의 자비와 절절한 심정을 어찌 깨달았겠습니까! 이런 무리들을 가르친다는 것은 결코 쉬운 일이 아니었겠지요.

"너희는 아직도 깨닫지 못하느냐?"(마르 8,21).

마지막 물음에 대해 제자들의 반응은 어떠했을까요? 복음사가는 아무런 설명 없이 열린 결말로 놓아둡니다. 모든 세대의 당신 제자들에게 주님은 같은 질문을 하고 계실 테니까요. 과연 몇 사람이나 대답할지에도 그분은 개의치 않으실 겁니다. 다만 우리가 스스로 깨달아 질적으로 성장하기만을 간절히 바라지 않으실까요?

<h1 style="text-align:center">34</h1>

<h2 style="text-align:center">금수만도 못한 이여!</h2>

동물을 비유로 들어 사람을 가르치고 감동시켜 성찰케 하는 방법은 동서고금을 통틀어 보편화되어 있습니다. 민간 설화나 우화, 성경에서도 마찬가지이지요.

성경을 보면, 사람과 동물은 매우 사이가 좋습니다. 사람은 물론이거니와 날짐승이나 길짐승, 들짐승, 물고기, 곤충 등 모든 생물은 하느님의 정성과 축복이 깃든 피조물이지요. 하느님께서는 동물들 각자의 특성에 따라 살 곳을 마련해 주시면서, 이 세상에서 서로 조화롭게 번성하며 사이좋게 지내라 하셨습니다.

사람과 동물은 동고동락하는 관계이기에 상도 벌도 함께 받아 왔습니다. 사람이 선하게 살아가면 동물 또한 이로움을 얻고, 사람이 악을 행하면 동물도 해를 입게 되지요. 이는 세상이 홍수로 멸망하는 장면에서도 분명히 드러납니다. 당시 세상은 죄악으로 가득 차 있었기 때문에, 하느님은 "세상에 사람을 만드신 것을 후회하시며 마음 아파"하셨습니다(창세 6,6). 그리하여 이런 결정을 내리시게 된 것이지요.

> 내가 창조한 사람들을 이 땅 위에서 쓸어버리겠다. 사람뿐 아니라 짐승과 기어 다니는 것들과 하늘의 새들까지 쓸어버리겠다. 내가 그것들을 만든 것이 후회스럽구나!(창세 6,7).

그러나 하느님은 한결같이 자애로운 분이십니다. 그분은 올바르고 흠 없는 노아에게 방주를 만들어 피신하게 하시면서 아내와 자식 그리고 동물들까지 함께 부르시지요. 하느님께서 노아에게 말씀하십니다.

> 그리고 온갖 생물 가운데에서, 온갖 살덩어리 가운데에서 한 쌍씩 방주에 데리고 들어가, 너와 함께 살아남게 하여라. 그것들은 수컷과 암컷이어야 한다. 새도 제 종류대로, 짐승도 제 종류대로, 땅바닥을 기어 다니는 것들도 제 종류대로, 한 쌍씩 너에게로 와서 살아남게 하여라. 그리고 너는 먹을 수 있는 온갖 양식을 가져다 쌓아 두어, 너와 그들의 양식이 되게 하여라(창세 6,19-21).

백오십 일의 대홍수로 징벌이 충분하다고 여기신 하느님은 홍수를 물리시고는 인류와 새로이 화해를 이루십니다. 그리고 살아 있는 모든 것을 다시 축복하시어 지상에서 끊임없이 번성케 하시고, 무지개를 표지로 삼아 백성들과 평화의 계약을 맺으시지요. 이 계약에서 동물들도 한자리를 차지합니다.

> 이제 내가 너희와 너희 뒤에 오는 자손들과 내 계약을 세운다. 그리고 너희와 함께 있는 모든 생물, 곧 방주에서 나와, 너희와 함께 있는 새와 집짐승과 땅의 모든 들짐승과 내 계약을 세운다. 내가 너희와 내 계약을 세우니, 다시는 홍수로 모든 살덩어리들이 멸망하지 않고, 다시는 땅을 파멸시키는 홍수가 일어나지 않을 것이다(창세 9,9-11).

사람과 동물은 화와 복을 함께 나누어야 할 뿐만 아니라, 하느님 앞에서 공동으로 책임을 짊어져야 하고, 규범도 함께 지켜 나가야 합니다. 예를 들어, 안식일에는 사람이나 가축 모두 일을 하지 않음으로써 창조주 하느님께 흠숭과 존경을 표시하고 창조의 은혜에 감사해야 합니다(탈출 20,10 참조). 죄를 뉘우침에 있어서도 사람과 동물이 함께 재를 지키고 극기해야 합니다. 니네베 임금이 선포한 것처럼 말이지요.

임금과 대신들의 칙령에 따라 사람이든 짐승이든, 소든 양
이든 아무것도 맛보지 마라. 먹지도 말고 마시지도 마라.
사람이든 짐승이든 모두 자루옷을 걸치고 하느님께 힘껏
부르짖어라. … 하느님께서 다시 마음을 돌리시고 그 타오
르는 진노를 거두실지 누가 아느냐?(요나 3,7-9).

하느님께서는 성 안에 있는 십이만 명의 사람뿐만 아니라
"수많은 짐승"(요나 4,11)도 진심으로 염려하셨습니다. 이
모두를 아끼셨기에 니네베 사람들의 죄를 모두 용서하신
것이지요.

　하느님께서는 동물을 통해 당신의 마음과 사랑을 드러
내기도 하신답니다. 하느님의 '평화의 사자' 비둘기는 부
리에 올리브 이파리 한 장을 물고 방주로 돌아옴으로써
홍수가 이미 끝났음을 알려 줍니다(창세 8,11 참조). 또 하느
님께서는 나귀의 입을 열어 모압의 예언자 발라암에게 말
하게 하셨지요(민수 22,22-30 참조). 그분은 까마귀들을 시켜
예언자 엘리야에게 아침저녁으로 빵과 고기를 날라다 주
게 하셨고(1열왕 17,2-6), 사나운 사자를 양순하게 길들여 다
니엘을 잡아먹지 못하게도 하셨습니다(다니 14,28-42 참조).

　그런 하느님께서 사람을 가리켜 금수만도 못하다고 하
실 때, 우리는 고개를 들 수 없을 만큼 부끄러워집니다.
하느님께서는 여러 차례 인간의 게으름과 몰인정, 불의,
배은망덕 등을 동물과 비교하여 질책하시지요.

너 게으름뱅이야, 개미에게 가서

그 사는 모습을 보고 지혜로워져라.

개미는 우두머리도 없고

감독도 지도자도 없이

여름에 양식을 장만하고

수확 철에 먹이를 모아들인다.

너 게으름뱅이야, 언제까지 누워만 있으려느냐?

언제나 잠에서 깨어나려느냐?(잠언 6,6-9).

하늘을 나는 황새도

제철을 알고

산비둘기와 제비와 두루미도

때맞춰 돌아오는데

내 백성은

주님의 법을 알지 못하는구나(예레 8,7).

승냥이들도 가슴을 헤쳐

제 새끼들에게 젖을 먹이건만

내 딸 백성은

사막의 타조처럼 매정하게 되어 버렸구나(애가 4,3).

하늘아, 들어라! 땅아, 귀를 기울여라!

— 주님께서 말씀하신다.—

내가 아들들을 기르고 키웠더니

그들은 도리어 나를 거역하였다.

소도 제 임자를 알고

나귀도 제 주인이 놓아 준 구유를 알건만

이스라엘은 알지 못하고

나의 백성은 깨닫지 못하는구나.

아아, 탈선한 민족

죄로 가득 찬 백성

사악한 종자

타락한 자식들!(이사 1,2-4).

성탄 시기에 구유를 꾸밀 때, 우리는 소와 낙타도 함께 놓아둡니다. 이 동물들이 아무 이유 없이 함께하고 있다고는 생각하지 마세요. '아기 예수님으로부터 온화한 기운을 받기 위해서?'라는 천진한 생각도 마시고요. 그들은 성탄의 온기를 더해 주는 것 외에 다른 의무도 지니고 있답니다. 다음과 같은 물음을 사람들에게 불러 일으켜 깨닫게 하려는 것이지요.

"우리처럼 우둔한 짐승도 아기 예수님이 누구신지 알아보는데, 똑똑하다고 자처하는 당신네 사람들은 …?"

35

반석

야훼, 나의 반석 …. 성경에 자주 등장하는 우리의 고백입니다. 반석은 견고하고 안정적이며 또 실재적이지요. 거센 풍랑 같은 외부 영향에도 끄떡없이 잘 견뎌 내며 항구 불변합니다. 바람이 불고 태양이 내리쬐어도, 비가 때리고 얼음이 덮여도 그저 묵묵합니다. 세월이 흐르고 사람과 시대가 바뀌어도 그 자리를 말없이 지킬 따름이지요.

천막을 치고 유목 생활을 하던 이스라엘 백성은 점차 정주하면서 집이라는 것을 가지게 되었습니다. 이 과정에서 그들은 반석의 중요성을 절감하게 되었으며, 하느님 체험으로까지 그 의미가 확대되어 그들의 삶에 녹아들게

되지요. 그들은 다음과 같이 하느님께 기도드렸고 예언자
도 그들을 격려합니다.

> 저는 당신을 사랑합니다, 주님, 저의 힘이시여.
> 주님은 저의 반석, 저의 산성, 저의 구원자
> 저의 하느님, 이 몸 피신하는 저의 바위
> 저의 방패, 제 구원의 뿔, 저의 성채이십니다(시편 18,1-2).

> 우리 하느님 말고 그 누가 반석이 되어 주겠는가?
> (시편 18,32).

> 너희는 길이길이 주님을 신뢰하여라.
> 주 하느님은 영원한 반석이시다(이사 26,4).

오랜 세월을 살면서 우리는 종종 변화와 불안 가운데 놓
이곤 합니다. 그것이 때로는 낭만적이고 경쾌할 수도 있
지만, 대개 사람은 항구하고 안정된 것을 추구하게 마련
이지요. 묵묵하고 충실하게, 안전한 귀착지를 찾아가는
것입니다.

그렇다면 우리는 삶의 정점을 어디서 찾을 수 있을까
요? 건강, 재산, 미모, 젊음, 매력, 열정, 명예, 사업, 지
식, 성취, 우의, 애정 … 이 중 그 무엇도 우리를 완전히
만족시켜 주지는 못합니다. 코헬렛 저자는 세상 만물과

만사를 간파하고는 이렇게 개탄하지요.

> 허무로다, 허무! 모든 것이 허무로다!(코헬 1,2).

> 보라, 이 모든 것이 허무요 바람을 잡는 일이다(코헬 1,14).

이 정점, 완전한 만족은 이 세상에서 찾을 수 있는 것이 아님이 분명합니다. 오직 영원하신 하느님에게서만 찾아 얻을 수 있는 것일 테지요.

사람은 마음을 하늘에 두고 의탁해야만 비로소 이 지상에서 자유롭게 살아가며 성장할 수 있습니다. 하늘의 뜻에 뿌리내린 가치관을 지녀야만, 파도에 실려 이리저리 표류하거나 바람에 흔들리는 버드나무같이 우왕좌왕하지 않을 것입니다. 하늘의 굳은 뜻에 함께해야만 우리는 비로소 광명정대할 수 있고, 두려움 없이 용감하게 앞을 향해 나아갈 수 있습니다. 그리하여 평안과 기쁨, 위안과 온정을 찾을 수 있게 되겠지요.

> 내 영혼은 오직 하느님을 향해 말없이 기다리니
> 그분에게서 나의 구원이 오기 때문이네(시편 62,1-2).

예수님께서도 반석이라는 상징을 즐겨 사용하셨습니다. 당신 교회를 반석 위에 세워(마태 16,18 참조) 안전하고 튼튼

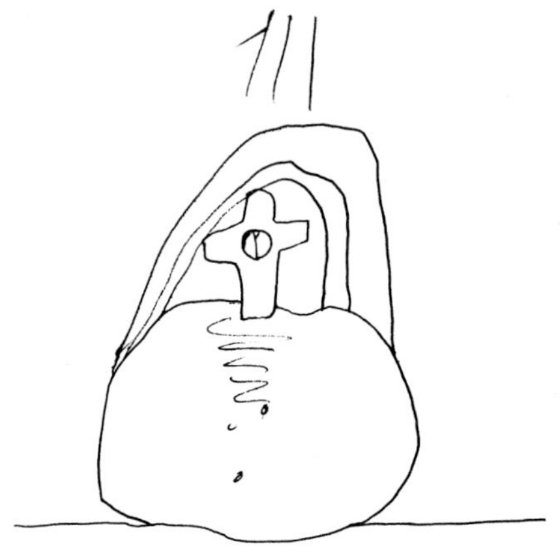

한 기초를 가지게 하셨지요. 또 교회가 세상에 굳건히 자리 잡아, 하늘로부터 내려오는 힘과 용기와 굳셈을 사람들과 더불어 누리기를 원하셨습니다.

예수님께서는 산상 설교를 마무리하시면서 다음과 같은 비유를 들어 주시지요.

그러므로 나의 이 말을 듣고 실행하는 이는 모두 자기 집을 반석 위에 지은 슬기로운 사람과 같을 것이다. 비가 내려 강물이 밀려오고 바람이 불어 그 집에 들이쳤지만 무너지지 않았다. 반석 위에 세워졌기 때문이다. 그러나 나의 이

말을 듣고 실행하지 않는 자는 모두 자기 집을 모래 위에
지은 어리석은 사람과 같다. 비가 내려 강물이 밀려오고 바
람이 불어 그 집에 휘몰아치자 무너져 버렸다. 완전히 무너
지고 말았다(마태 7,24-27).

그리스도인으로서 우리는, 항상 그 기반을 철저하게 재점
검해야 한다고 주님께서는 분명히 말씀하고 계십니다.

36

밭

옛날에 한 농부가 있었습니다. 그는 조상에게서 물려받은 좋은 밭을 매우 소중히 여기며 즐겁게 일하고 있었지요. 반면 그의 아들은 농사일에 전혀 관심이 없는 게으른 사람이었습니다. 농부는 걱정이 이만저만이 아니었지요. 자기가 죽고 나면 밭은 황폐해질 것이 불보듯 뻔한 일이었으니까요. 세월이 흘러 임종 무렵이 되자 그는 아들을 불러 말합니다. "아들아, 내가 비밀을 하나 알려주마. 사실 우리 밭에는 엄청난 보물이 묻혀 있단다. 지난날 조상님들께서 묻어 놓으신 보물이란다."

아버지가 죽자 아들은 당장 호미를 들고 밭으로 나가 조심조심 파헤치기 시작합니다. 아침부터 저녁까지 매일을 그러다 보니, 어느 새 땅이 갈아엎어지면서 밭은 보송 보송 부드럽게 변해 갔지요. 그렇게 일 년을 찾았지만 보물은 어디에도 없었습니다. 다만 그해 수확이 여느 때보다 풍성한 것이 그나마 위안이 되었지요. 그리고 어느 날 문득 아들은 깨닫게 됩니다. 보물이란 바로 밭 그 자체를 두고 하신 말씀임을 말이지요.

밭은 무한한 잠재력을 지니고 있습니다. 그러므로 축복의 땅, 보물 창고라 할 수 있지요. 물론 땀 흘려 개간하는 깃이 신행되어야겠지만요. 잠언의 말씀입니다.

> 내가 게으른 사람의 밭과
> 지각없는 자의 포도원을 지나갔는데
> 보아라, 온통 엉경퀴가 우거지고
> 전부 쐐기풀이 뒤덮었으며
> 돌담이 무너져 있었다.
> 나는 그것을 바라보며 깊이 생각하고
> 그것을 보며 교훈을 얻었다(잠언 24,30-32).

깊이 생각한 결과 그가 얻은 교훈은 무엇일까요? 독자 스스로 깨닫게 하려고 저자는 침묵할 뿐입니다.

게으름과 부지런함, 어리석음과 지혜로움 … 어느 쪽을 택하시렵니까? 힘이 있어 일할 수 있고 지력이 있어 사고할 수 있는 것은 하느님의 은혜입니다. 그분이 우리

에게 경작하라고 주신 밭이며 발전시키라고 주신 밑천이
지요.

　어떤 일이든 간에 근면, 지혜, 땀, 사고력이 필요합니
다. 끝까지 매진하는 노력과 개선하려는 궁리가 지속되어
야 합니다. 이것이야말로 고금을 막론하고 한결같이 적용
되는 성공의 비결이지요. 일을 할 때나 살아가는 도리에
서나 모두 마찬가지랍니다.

37

거울

구리를 거울로 삼으면 의관을 바르게 할 수 있고
지난날을 거울로 삼으면 흥망을 알 수 있다.

당태종의 말입니다. 사람은 참 이상하지요? 자기와 몹시
가깝거나 자기에게 속한 것일수록 오히려 정확히 보지 못
하는 경우가 많습니다. 우리 몸도 그렇습니다. 가장 개별
적이면서 또 눈길이 가는 부분이 오관과 얼굴 아닌가요?
얼굴을 통해 다른 이들은 나를, 나 역시 다른 이들을 분간
합니다.

또한 얼굴은 남들 앞에 적나라하게 드러나 있지요. 다
른 신체 부위처럼 옷이나 신발, 양말에 싸여 보호받지 못

합니다. 손바닥만한 이 얼굴만은 내가 직접 보지 못하고 그저 무언가에 비추어 볼 수 있을 따름이지요.

자기 모습을 정확히 보기 위해 거울이 필요합니다. 그러다 보니 거울에 대한 요구도 커져 갑니다. 예전에는 물그릇, 반짝반짝한 놋대야, 유리 조각 등이 손색없는 거울 노릇을 했다면, 오늘날은 형태와 기능이 다양한 수많은 거울이 있습니다. 어디 그뿐인가요? 확대경도 있고 현미경도 있답니다.

단지 거울의 모양만 바뀐 것이 아닙니다. 거울을 들여다보는 사람의 마음가짐은 더 많이 바뀌었지요. 거울 앞에서 아무리 이리저리 비춰 보아도 막상 남들 앞에 나서려면 여전히 자신 없고 망설여집니다.

성경에도 거울이 몇 군데 등장하는데, 단순하지만 절묘한 뜻을 담고 있습니다. 지혜서에서는 지혜를 하느님의 거울로 묘사하고 있지요.

지혜는 영원한 빛의 광채이고
하느님께서 하시는 활동의 티 없는 거울이며
하느님 선하심의 모상이다(지혜 7,26).

성경은 사람이 어떤 거울을 사용하였는가에 대해서는 언급하지 않습니다. 사람이 곧 거울이라는 점이 성경의 관심사일 뿐입니다. 사람은 하느님의 얼굴과 그분의 오묘하

심을 세상에 반영하는 하느님의 거울이라는 것이지요.

사람은 하느님의 모상이며, 그리스도께서 사람이 되신 이후에 하느님과 사람 사이의 유사성은 진일보하였습니다. 우리는 자기 자신과 다른 이들 안에서 하느님을 보았습니다. 그러므로 사도 바오로는 기쁜 소식을 전하는 사람들을 이렇게 일깨우고 있지요.

> 하느님께서 우리 마음을 비추시어, 예수 그리스도의 얼굴에 나타난 하느님의 영광을 알아보는 빛을 주셨습니다(2코린 4,6).

모세가 시나이 산에서 하느님과 만나 밀담을 나눌 때 얼굴 살갖이 빛난 것과 같이(탈출 34,29 참조) 하느님을 깊이 체험한 사람은 그분의 아름다움과 선함을 반영합니다. 주사 朱砂(붉은 빛의 광석)를 가까이하면 붉어지고, 먹을 가까이하면 검어지게 마련이듯이, 하느님을 가까이하는 사람은 그분의 영과 신비를 발산하게 되지요. 장자는 말합니다.

> 성인의 마음은 고요한지라
>
> 천지의 거울,
>
> 만물의 참된 모습을 보여 주는 거울이다.

우리도 하느님의 계시에 힘입어 감히 성인의 마음, 하느님의 거울이라 할 수 있는 것이지요.

먼지가 앉으면 쉽게 탁해지는 거울을 두고 선불교의 신수대사神秀大師는 이런 게송을 읊었습니다.

> 몸은 보리수요
>
> 마음은 맑은 거울이니
>
> 때때로 부지런히 털고 닦아
>
> 티끌 먼지 묻지 않게 조심하여라.

사악은 마음의 거울을 변질시킵니다. 일체를 왜곡하며 추하게 비추는 거울이 되고 말지요. 일상생활의 작은 오점이 부지불식간에 쌓이고 쌓이면 마음의 거울은 빛을 잃을

수밖에 없습니다. 이성과 지성의 헛된 욕심이나 감정의
찌꺼기들도 마음의 거울을 가려 버리는 먼지가 될 수 있
지요. 큰일과는 전혀 상관 없는 사소한 데데함, 자그마한
방종과 게으름일지라도 마음의 거울을 흐리게 하는 얇은
막이 됩니다.

야고보서에 거울과 관련된 구절이 있습니다. 엄밀히
말하면 거울 그 자체가 아니라 거울에 비치는 모습에 관
한 구절로, 우리를 깊이 성찰케 하는 말씀입니다. 사도 야
고보는 하느님 말씀을 듣는 태도에 관해 이야기하고 있지
요. 매우 흥미롭습니다.

> 사실 누가 말씀을 듣기만 하고 실행하지 않으면, 그는 거울
> 에 자기 얼굴 모습을 비추어 보는 사람과 같습니다. 자신을
> 비추어 보고서 물러가면, 어떻게 생겼었는지 곧 잊어버립
> 니다(야고 1,23-24).

이천 년 전 사람들은 거울을 잠깐씩만 들여다보지 않았을
까요? 요즘처럼 몇 시간 혹은 한나절을 거울 앞에서 보내
는 사람이 있을 줄은 상상조차 못했을 겁니다. 그럼에도
사도 야고보의 의도는 매우 분명하지요. 하느님의 말씀은
거울 속의 꽃이나 물속의 달과 같은 환영이 아니며, 결코
가벼운 마음으로 대할 수 없는 것입니다.

"지난날을 거울로 삼으면 흥망을 알 수 있다"는 당태종

의 말은 오랜 역사의 가르침입니다. 역사에서 비롯된 지혜를 교훈으로 삼기 위해서는 그것에 심취하여 끝까지 매진하는 노력, 깊이 있는 사고와 감수성이 필요합니다.

경박한 사람은 잠시 거울에 자신을 비추어 보고는 금세 떠나갑니다. 그런 사람은 하느님에 대한 깨우침이나 그분과의 기회, 인연에 있어서도 그런 식이지요. 현인의 선량한 표양도 그저 대충 한 번 보고 지나쳐 버립니다. 결국 제아무리 좋은 것도 잠시 그 인격의 표피에나 머무를 뿐, 마음과 영혼 깊은 곳에는 전혀 감동을 주지 못하지요.

거울에 비춰 보는 것이 무엇인지 모르는 사람은 거울이 될 수 없습니다. 그런 사람은 하느님 말씀을 깊이 받아들이지 못하며, 하느님의 모습이나 얼을 마음속에 각인하지도 못합니다. 그런 사람이 다른 사람을 비추기란 당연히 불가능한 일이지요.

38

쭉정이

오늘날 도시인들은 '쭉정이' 혹은 '겨'에 대해 이렇다 할 만한 것을 알지 못합니다. 농부들이나 잘 알고 있겠지요. 겨는, 벼 같은 곡식을 싸고 있는 바싹 마르고 얄팍한 껍질이며 먹을 수 없는 것이라서 깨끗이 벗겨 내야 합니다. 그러고는 바람에 날려 흩어 버리거나 한데 모아 태워 버리곤 하지요.

성경 저자는 농사일에 대해 잘 알고 있었던 것 같습니다. 신·구약 모두 쭉정이에 대해 비유로 언급하고 있으니까요. 세례자 요한은 메시아와 심판, 상선벌악에 대해 이렇게 묘사합니다.

손에 키를 드시고 당신의 타작마당을 깨끗이 하시어, 알곡
은 곳간에 모아들이시고 쭉정이는 꺼지지 않는 불에 태워
버리실 것이다(마태 3,12).

유다 문화에서 '키'는 그리스 로마 문화의 '천칭'에 비길
수 있는데, 둘 다 공의公義를 상징합니다. 천칭은 공적과
과실, 즉 많고 적음을 재는 것입니다. 키는 쭉정이를 까불
러 버리고 알곡은 남겨 둡니다.

겨는 무게나 내용이 없습니다. 별 쓸모도 의미도 없는
셈이지요. 속이 비어 있으니 물에 뜨기나 하고, 바람에 흩
날려 어디론가 사라져 버리고 맙니다.

성경에서는 악인, 소인배, 생명의 뿌리가 없는 사람,
기반이 약한 사람, 못 미더운 사람, 꿈이 없는 사람, 돌아
갈 곳이 없는 사람을 묘사할 때 쭉정이를 즐겨 사용하지
요. 실존주의 철학자 사르트르J.P. Sartre는 인생의 허무함
을 이렇게 묘사한 바 있습니다.

사람은 아무 연고 없이 태어나
어찌할 바 모르며 살다가
아무 이유 없이 죽어 간다.

이 얼마나 무섭고 슬픈 일인가요! 그런데 쭉정이는 이보
다도 못한 처지네요.

그러나 생명을 지닌 존재는 다릅니다. 각자 하기에 따라서 충실히 살아 제 몫을 다할 수 있지요. 아름답고 만족스럽고 의미 있게 살 수도 있습니다. 시편을 보면 처음부터 두 갈래의 길, 두 부류의 사람, 두 종류의 생활 태도가 묘사됩니다.

> 그는 시냇가에 심겨
>
> 제때에 열매를 내며
>
> 잎이 시들지 않는 나무와 같아
>
> 하는 일마다 잘되리라.
>
> 악인들은 그렇지 않으니
>
> 바람에 흩어지는 겨와 같아라.
>
> 그러므로 악인들이 심판 때에,
>
> 죄인들이 의인들의 모임에 감히 서지 못하리라(시편 1,3-5).

첫 시편의 마지막 한 구절은 다음과 같습니다.

> 의인들의 길은 주님께서 알고 계시고
>
> 악인들의 길은 멸망에 이르기 때문일세(시편 1,6).

여기서 이미 하느님께서는 두 갈래의 길 중 하나는 선택하시고 하나는 버리셨음을 알 수 있지요. 이제는 우리가 선택해야 할 차례입니다.

　　지혜서에도 우리를 깊이 성찰케 하는 대목이 있습니다. 삶을 허비하는 사람들, 수덕과 적선이 무엇인지 모르는 사람들의 현재는 공허합니다. 미래 역시 허무하며 희망이라곤 전혀 찾아볼 길 없이 멀고 희미할 뿐이지요.

> 악인의 희망은 바람에 날리는 검불 같고
>
> 태풍에 흩날리는 가벼운 거품 같다.
>
> 그것은 바람 앞의 연기처럼 흩어지고
>
> 단 하루 머물렀던 손님에 대한 기억처럼 흘러가 버린다
>
> (지혜 5,14).

처연하면서도 매우 생동감 있는 묘사 아닌가요? 생텍쥐페리의 『어린 왕자』 가운데 한 장면을 연상케도 하네요.

> 어린 왕자는 사막을 가로질러 가다가 꽃 한 송이를 만나게 되었다. 꽃잎이 석 장뿐인 볼품없는 꽃이었다.
>
> "안녕!"
>
> 어린 왕자가 인사했다.
>
> "안녕!"
>
> 꽃이 대답했다.
>
> "사람들은 어디에 있지?"
>
> 어린 왕자는 정중히 물었다.
>
> 꽃은 전에 대상隊商들이 지나가는 것을 본 적이 있었다.

"사람들 말이니? 예닐곱 명이 있기는 했어. 몇 년 전에 보았지. 하지만 지금은 그들이 어디에 있는지 알 수 없어. 바람이 불어 그들을 데려갔거든. 그들은 뿌리가 없기 때문에 꽤 어려움을 겪고 있지."
"잘 있어!"
어린 왕자가 말했다.
"잘 가!"
꽃이 대답했다.

나 자신을 돌이켜 봅니다. 벌써 50년 넘게 살아왔는데, 내 삶의 무게는 과연 얼마큼일까? 냇가에 심긴 나무에 비길 수는 없겠지만, 그래도 꽃잎이 석 장뿐인 꽃보다 못한 사람은 되지 않도록 하느님의 도우심을 청합니다. 더욱이 뿌리도 없고 무게도 없어 바람에 날려 사라지는 겨나 쭉정이처럼 멸망의 길로 걸어가지 않기를 바랄 따름입니다.

39

풍악을 울려라!

이스라엘 민족은 노래와 춤을 좋아합니다. 자유를 얻어 이집트를 떠나서 홍해를 건너자마자, 모세와 이스라엘 백성은 승리를 가져다주신 야훼 하느님을 소리 높여 찬양했습니다(탈출 15장 참조). 그 후에도 전쟁에서 승리를 거둘 때나 경사가 있을 때마다, 그들은 항상 노래와 춤으로 하느님께 감사와 찬미를 드렸습니다.

축제는 시와 노래의 향연이라 할 수 있지요. 그들은 일 년에 한 번은 꼭 거룩한 도성 예루살렘을 순례하였는데, 쉽지 않은 그 여정이 늘 즐겁기만 했습니다. 여정 내내 줄곧 시편을 노래하며 하느님을 찬양했기 때문이지요.

그들의 위대한 임금 다윗은 어려서부터 비파를 잘 탄

덕에 입궁하여 사울 왕의 심신을 안정시켜 주었지요(1사무 16장 참조). 다윗은 왕위에 오른 뒤에도 여전히 시편을 읊고 작곡하여 후대 사람들에게 아름답고 오묘한 노래를 많이 남겨 주었습니다. 백성들은 기쁠 때, 슬플 때, 즐거울 때, 화날 때마다 소리 높여 노래를 부르며 하느님께 기도를 올렸지요.

> 하느님, 제가 당신께 새로운 노래를 부르오리다.
> 열 줄 수금으로 당신께 찬미 노래 부르오리다(시편 144,9).

> 나는 주님께 노래하리라, 내가 사는 한.
> 나의 하느님께 찬미 노래 부르리라, 내가 있는 한(시편 104,33).

모든 생명은 시어로 변하고 악장들로 만들어졌습니다. 소년들의 생기 넘치는 노랫소리는 낭랑하고 우렁찼습니다.

> 제 마음 든든합니다, 하느님.
> 제가 노래하며 찬미합니다.
> 깨어나라, 나의 영혼아.
> 깨어나라, 수금아, 비파야.
> 나는 새벽을 깨우리라(시편 108,2-3).

젊은이들은 사랑의 정을 가슴 가득 품고는 심연에서 우러
나오는 기쁨을 노래합니다.

> 아름다운 말이 제 마음에 넘쳐흘러
> 임금님께 제 노래를 읊어 드립니다.
> 제 혀는 능숙한 서기의 붓입니다(시편 45,2).

이제 삶의 풍상을 다 겪어 내고 말년의 쓸쓸한 평화로움
에 젖은 노인들도, 아름다운 악기 소리처럼 곱고 낭랑하
게 그러면서도 힘차게 노래 부릅니다.

> 저의 하느님, 저 또한 수금으로
> 당신의 진실을 찬송하오리다.
> 비파 타며 당신께 노래하오리다,
> 이스라엘의 거룩하신 분이시여!
> 제가 당신께 노래할 때
> 제 입술이 기뻐 뛰고
> 당신께서 구하신 제 영혼도 그러하리이다(시편 71,22-23).

자기 감정을 표현할 때뿐만 아니라, 다른 이들의 요청에
의해 그들과 더불어 노래하며 악기를 연주하기도 했지요.

> 주님께 노래하여라, 새로운 노래를.

그분께서 기적들을 일으키셨다. …

주님께 환성 올려라, 온 세상아.

즐거워하며 환호하여라, 찬미 노래 불러라.

비파와 함께 주님께 찬미 노래 불러라,

비파와 노랫가락과 함께.

나팔과 뿔 나발 소리와 함께

임금이신 주님 앞에서 환성 올려라(시편 98,1.4-6).

대자연도 마음에 담아 함께 노래 불렀습니다.

바다와 그 안에 가득 찬 것들,

누리와 그 안에 사는 것들은 소리쳐라.

강들은 손뼉 치고

산들도 함께 환호하여라(시편 98,7-8).

시편의 마지막 편은 더욱 특별한 흥취가 있습니다. 교향
곡의 클라이맥스 같기도 하고, 징과 북을 크게 두드리면
서 멋지게 마무리하는 순간 같기도 하지요. 저자는 다양
한 악기를 동원하여 모두 함께 연주하게 합니다.

주님을 찬양하여라, 뿔 나팔 불며.

주님을 찬양하여라, 수금과 비파로.

주님을 찬양하여라, 손북과 춤으로.

주님을 찬양하여라, 현악기와 피리로.

주님을 찬양하여라, 낭랑한 자바라로.

주님을 찬양하여라, 우렁찬 자바라로(시편 150,3-5).

모든 악기가 함께 연주하는 우주 교향악은 실로 웅장하기 짝이 없지요. 서로 조화를 이루어 아름답게 울려 퍼집니다. 들으면 들을수록 그 맛은 더욱 깊어지고, 아름다운 여운은 귓전을 맴돕니다. 역사 안에서 대대손손 면면히 이어져 내려가며 끊임없이 연주되는 교향악이지요.

혹여 성경이 하느님 면전에서 명령과 법규를 준수하고 고신 극기할 것만을 가르친다고는 생각하지 마십시오. 성경은 함께 노래하고 춤추며 기쁨과 즐거움을 나누자고 우리를 초대하고 있으니까요.

주나라 주공周公은 예禮를 제정하고 악樂을 만들었습니다. 예가 사회 체통을 유지하기 위해 밖에서 들여온 규범이라면, 악은 내심의 정감에서 우러나온 것이지요.

악은 마음으로부터 나오고 예는 용모에서 비롯된다.

樂由中出, 禮自外作(『禮記』「樂記」).

악은 천지의 화합이요, 예는 천지의 질서이다.

樂者, 天地之和也. 禮者, 天地之序也(『禮記』「樂記」).

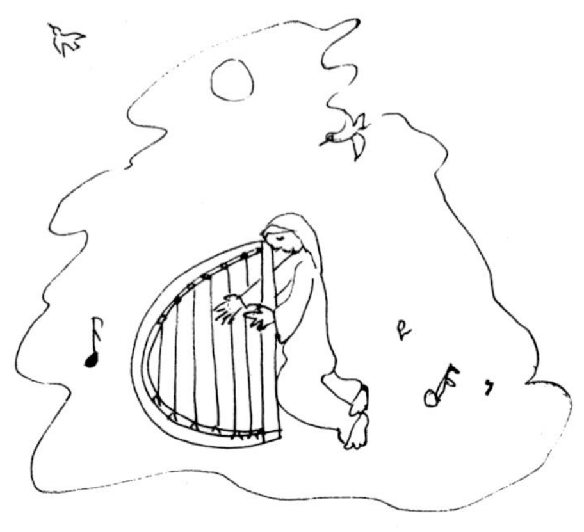

『예기』는 인격을 배양하고 성정을 도야하여, 하늘과 땅과 사람 그리고 공동체가 조화롭고 화목하게 살아가도록 가르치고 있습니다.

살아가는 데는 분명 신념과 원칙이 필요하고, 사회에는 규범과 계율이 필요합니다. 그와 동시에 아름다움, 음악, 예술, 자연스러운 감정 표현도 반드시 필요하지요. 공자는 다음과 같이 권고합니다.

도에 뜻을 두고

덕에 의거하며

어진 것에 의지하고

예에 노닐지라.

志於道, 據於德, 依於仁, 游於藝(『論語』 「述而」).

성인군자뿐만 아니라 그리스도인도 이러해야 합니다. 복음은 엄격한 신조나 생활 수칙이 아니며 규율도 아닙니다. 긴밀한 구조를 지니고 있거나 엄숙하기만 한 것도 아니고요. 무엇보다 중요한 점은 이것이 기쁜 소식이며 사람들에게 기쁨과 즐거움을 가져다준다는 사실이지요.

하느님은 진리(眞)이실 뿐만 아니라 선함(善)이시며, 또한 아름다움(美)이십니다. 그리고 무엇보다도 사랑(愛)이십니다. 사랑이신 하느님과의 관계는 정情을 바탕으로 하지 않으면 안 되지요. 『예기』에 다음과 같은 말이 있습니다.

정이 마음속에서 움직이므로 소리로 나타나는 것이며 …

기뻐하므로 입으로 말하고

말하는 것만으로는 부족하여 소리를 길게 (노래를) 하고

노래하는 것만으로는 부족하여

이것을 한탄하여 억양과 음조가 생기는 것이다.

그런데 이것으로도 만족스럽지 않아

손이 춤추고 발이 뛰는 무도가 생기기에 이른 것이다.

情動於中, 故形於聲 … 說之故言之, 言之不足, 故長言之, 長言之不足,

故嗟嘆之, 嗟嘆之不足, 故不知手之舞之, 足之蹈之也(『禮記』 「樂記」).

하느님께서는 우리가 춤추면 즐거워하십니다. 우리가 시를 읊고 작곡하도록 격려하시며, 아침저녁으로 북을 치고 종을 치는 것도 즐겨 들으시지요. 생황, 통소, 피리, 거문고, 기타, 비파 등 온갖 악기 소리도 즐겨 감상하십니다. 고전 악기, 현대 악기, 동양 악기, 서양 악기, 단순한 것, 복잡한 것을 가리지 않고 모든 연주를 좋아하십니다. 또한 그분은 당신 자녀인 우리의 노랫소리를 즐겨 들으시며, 우리가 즐거워하면 함께 기뻐하십니다.

40

세계의 중심

과연 세계에는 중심이 있을까요? 정점이나 핵심이라 할 만한 곳 말입니다. 세계에서 제일 중요한 곳은 어디일까요?

지구에 대한 의식이나 지구는 둥글다는 관념이 생기기 전에는, 인류가 하늘 아래 한 덩어리의 땅에 모여 살고 있는 것이라고 누구나 생각했습니다. 그렇기에 '천하'天下 혹은 '대지'大地라고 일컬은 것이지요.

'세계'世界라는 말에는 공간 말고도 시간의 의미가 포함되어 있습니다. '세'世는 시간의 흐름, '계'界는 방위를 나타내고 있지요. 다시 말해서 '세'는 과거, 현재, 미래를 의미하고, '계'는 동서남북, 상하좌우를 의미하는 셈이지요.

각각의 고대 문명들은 제 스스로를 세계의 중심이라 여겼고 또 그렇게 평가받아 왔습니다. 메소포타미아 평원, 이집트 나일 강 유역, 인도 갠지스 강 유역은 모두 지리적 조건이 유리하고 자원이 풍부하며 인적 조직력이 뛰어난 곳이었습니다. 그 후에 번성한 지중해 연안 지역은 교통이 편리하고 상업이 발달한 데다가 도시국가와 철학의 발달로 인해, 특별히 우월한 위치를 점하게 되었지요. 이 지역은 서방 문화의 요람을 이루어 대제국 발전의 기초를 놓았습니다.

중국인의 세계 중심 의식, 즉 중화사상은 고대에서부터 두드러졌지요. 중국의 선조들은 예로부터 동아시아 대륙에서 생활했습니다. 동쪽으로는 망망대해가, 서북쪽으로는 끝없는 사막이 펼쳐져 있었으며, 서남쪽에는 세계에서 가장 험준한 고원이 우뚝 솟아 있었지요. 그렇게 한 면은 바다를 향해 있고, 내륙은 광활하고 자원이 풍부했으며 도로도 잘 뚫려 있는 지리적 환경이었기에, 자연히 중국인은 자기들이 세계의 중심에 살고 있다고 생각했습니다. 고대 중국의 정치, 경제, 문화, 예술 모두가 비교적 주변 지역에 앞섰기 때문에 스스로 '천조상국'天朝上國이라 여기며 중국이 천하의 중심이라는 생각을 오랫동안 지녀왔던 것입니다.

그들은 황하·장강(양쯔 강) 유역의 기름진 땅을 중심으로 삼아 점층적으로 그 영향력을 외부의 이민족에게까지 확

장해 나갔습니다. 다음은 중국의 광활한 풍광을 묘사한
시구들입니다.

> 한낮의 태양은 산에 의지하여 다하고
> 황하는 바다로 흐른다.
> 천 리나 되는 목표를 끝까지 밝혀내고자 한다면
> 망루 한 층을 더 올라가야 한다.

> 큰 사막의 외로운 연기는 곧고 장강의 석양은 둥글다.

황궁의 화려함과 장엄함은 만방을 굴복시킨 중앙 제국의
의젓한 기개를 분명하게 드러내고 있습니다. 이런 것들은
중국인에게 자국에 대한 사랑과 자긍심을 더해 주어, 수
천 년의 문화와 전통을 가능케 했습니다. 그러나 이런 정
신과 기질은 당연히 편협한 것이었지요.
　예수님이 사셨던 이스라엘은 서아시아의 변두리에 위
치하고 있습니다. 인구가 적고 지리적 세력도 약하여 중
국과는 비교가 되지 않지요. 그럼에도 그들의 자아 의식
은 대단히 강합니다. 그들의 우월감은 결코 지리나 경제,
문화 따위에서 나온 것이 아닙니다. 바로 신앙에서 비롯
된 것이지요. 그들은 하느님께서 특별히 선택하신 당신
백성이었고, 인류 구원의 중개 역할을 담당합니다. 무릇
다른 민족들도 놀라워했겠지요.

그들은 이 모든 규정을 듣고 "이 위대한 민족은 정말 지혜
롭고 슬기로운 백성이구나" 하고 말할 것이다. 우리가 부
를 때마다 가까이 계셔 주시는, 주 우리 하느님 같은 신을
모신 위대한 민족이 또 어디에 있느냐?(신명 4,6-7).

그들은 세계의 중심이 자기들의 거룩한 도성, 예루살렘이
라고 생각하고 있었습니다.

세월이 흐른 뒤에 이러한 일이 이루어지리라.
주님의 집이 서 있는 산은
모든 산들 위에 굳게 세워지고
언덕들보다 높이 솟아오르리라.
모든 민족들이 그리로 밀려들고 …(이사 2,2).

모든 민족들의 흠모를 받는 것은 그들이 하늘로부터 얻은
바가 남달리 돈독하기 때문입니다. 이것이야말로 하느님
의 특은이지요.

그때에 저마다 말이 다른 민족 열 사람이 유다 사람 하나의
옷자락을 붙잡고, "우리도 여러분과 함께 가게 해 주십시
오. 우리는 하느님께서 여러분과 함께 계시다는 말을 들었
습니다" 하고 말할 것이다(즈카 8,23).

이런 마음가짐은 과연 지나친 면이 있습니다. 이런 생각은 그들을 교만하게 하고, 구원에 대해서도 안일한 의식을 가지게 했습니다. 아브라함의 혈통은 필히 구원받을 것이므로, 아무 근심 걱정 없이 편안한 마음으로 살아도 된다는 생각이 그것이지요.

이스라엘은 분명 구원의 역사 안에서 특별한 위치를 차지하고 있습니다. 그러나 하느님의 구원이 그들에게만 한정된 것은 결코 아닙니다. 그들로부터 시작하여 온 세상 만민에게 전달되는 것이지요. 예수님께서는 그들이 선

민의식에 빠져 자만하거나 스스로를 대단히 높게 평가해서는 안 된다고 거듭 일깨워 주십니다. 나아가 하느님의 자애는 모든 중생에게 널리 베풀어지며 결코 차별이 없음을 강조하시지요.

> 많은 사람이 동쪽과 서쪽에서 모여 와, 하늘나라에서 아브라함과 이사악과 야곱과 함께 잔칫상에 자리 잡을 것이다 (마태 8,11).

그분은 승천하시기 전에 제자들에게 엄숙히 명하십니다.

> 너희는 가서 모든 민족들을 제자로 삼아, 아버지와 아들과 성령의 이름으로 세례를 주고 …(마태 28,19).

> 성령께서 너희에게 내리시면 너희는 힘을 받아, 예루살렘과 온 유다와 사마리아, 그리고 땅 끝에 이르기까지 나의 증인이 될 것이다(사도 1,8).

온 세상 만민은 그분의 제자가 되어야 하며, 복음은 땅 끝까지 널리 전파되어야 합니다. 어떤 민족이나 지역도 자기들만 특별하다는 생각 — 독점권·특혜권·우선권 — 을 벗어 버려야 합니다.

오늘날의 세계화, 전 지구화, 일체화는 단지 경제·과

학·기술·정치면으로만 교류하고 합작하기 위한 것이 아닙니다. 편협한 의식을 깨고 넓은 마음을 품는 것이 더욱 중요합니다. 지구는 둥글기 때문에 탑처럼 위아래 층의 구분이 있거나 모서리의 각으로 생명과 사랑의 흐름을 막는 일이 없습니다. 중심이나 핵심이 따로 있는 것이 아니지요.

지구에서 살아가는 사람이라면 누구나 하느님의 자녀요 모상으로서 그분의 생명과 존엄을 함께 누리고 있습니다. 인류는 모두 형제이고, 온 세상은 우리 모두의 것이며, 세계는 하나입니다. 지구 상의 모든 사람, 특히 그리스도를 따르는 평신도들이 서로 격려하고 용기를 북돋아 주는 노력을 그치지 말아 주시기를 바라 마지않습니다.